coleção fábula

Christian Morgenstern

Jogo da forca

Traduções de
Augusto de Campos, Haroldo de Campos,
Felipe Fortuna, Montez Magno,
Paulo Mendes Campos, Rubens Rodrigues Torres Filho,
Roberto Schwarz e Sebastião Uchoa Leite

Ensaio de
Sebastião Uchoa Leite

Organização e posfácio de
Samuel Titan Jr.

editora 34

Sumário

Sobre este livro, 9

Poemas, 11

12 **Fisches Nachtgesang**
Noturno do peixe, 13

14 **Der Schaukelstuhl auf der verlassenen Terrasse**
A cadeira de balanço no terraço deserto, 15

16 **Naturspiel**
Jogo da natureza, 17

20 **Palmström legt des Nachts sein Chronometer**
Palmström guarda à noite seu relógio, 21
Palmström e seu cronômetro, 23

24 **Das ästhetische Wiesel**
O teixugo estético, 25
Doninha esteta, 27

28 **Das Nasobēm**
O Nasobete, 29
O Naribraz, 31

32 **Erster Schnee**
Primeira neve, 33, 35

36 **Die Trichter**
Os funis, 37

38 **Wie sich das Galgenkind die Monatsnamen merkt**
Como as crianças da forca memorizam os meses, 39

40 **Der Lattenzaun**
A cerca de paus, 41

42 **Das böhmische Dorf**
Korf na aldeia de Dorf, 43

44 **Die Tagnachtlampe**
Korf inventa uma lanterna diurnoturna, 45

46 **Palmströms Uhr**
O relógio de Palmström, 47

48 **Korf erfindet eine Art von Witzen**
Korf inventa uma arte humorística, 49
O invento de Korf, 51

52 **Die Waage**
A balança, 53

54 **Exlibris**
Ex-libris, 55

56 **Vice versa**
Vice-versa, 57

58 **Geburtsakt der Philosophie**
Nascimento da filosofia, 59

60 **Der Gingganz**
Andavatoda, 61

62 **Golch und Flubis**
Golch e Flubis, 63

64 **Die Tafeln [ou *Ligna loquuntur*]**
As placas, 65

66 **Das Knie**
O joelho, 67

68 **Die Korfsche Uhr**
O relógio de Korf, 69, 71

72 **Korfs Geruchs-Sinn [ou *For the Happy Few*]**
O olfato de Korf, 73

74 **Die Brillen**
Os óculos, 75

76 **Vom Zeitungslesen**
Sobre a leitura de jornal, 77

78 ***L'art pour l'art***
L'art pour l'art, 79

80 **Die Behörde**
A repartição, 81

82 **Auf dem Fliegenplaneten**
No planeta das moscas, 83

84 **Der Papagei**
O papagaio, 85

86 **Der kulturbefördernde Füll**
A caneta que transporta cultura, 87

88 **Die beiden Esel**
Os dois burros, 89

No planeta de Morgenstern, 91
SEBASTIÃO UCHOA LEITE

Uma estrela a mais, 107
SAMUEL TITAN JR.

Nota bibliográfica, 157

Sobre este livro

Figura fugidia e poeta singular, mesmo aos olhos de seus compatriotas, o alemão Christian Morgenstern mereceu a atenção de algumas das melhores cabeças literárias no Brasil do século xx. *Jogo da forca* reúne o essencial dessa sua fortuna brasileira, a um só tempo entrecortada e longeva, dispersa e densa.

São três as partes do livro. Primeira: a quase integralidade das traduções publicadas no Brasil entre o fim da década de 1950 e o começo da década de 1990, reproduzidas em ordem quase cronológica; a seleção e a sequência explicam-se ao longo do livro. Segunda: o belo ensaio que, em 1983, Sebastião Uchoa Leite dedicou ao poeta alemão. Terceira e última: um posfácio em que se esboça uma história das leituras, traduções e apropriações brasileiras de Morgenstern.

Poemas

Fisches Nachtgesang

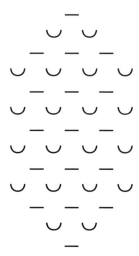

Noturno do peixe

Der Schaukelstuhl auf der verlassenen Terrasse

"Ich bin ein einsamer Schaukelstuhl
und wackel im Winde, im Winde.

Auf der Terrasse, da ist es kühl,
und ich wackel im Winde, im Winde.

Und ich wackel und nackel den ganzen Tag.
Und es nackelt und rackelt die Linde.
Wer weiß, was sonst wohl noch wackeln mag
im Winde, im Winde, im Winde."

A cadeira de balanço no terraço deserto

Sou uma triste cadeira de balanço
e balanço no vento,
                    no vento.

Só, no terraço, ao relento,
e balanço no vento,
                    no vento.

E me embalo e me abalo noite adentro.
E se embala e tatala a tília.
Quem sabe o que mais cambalearia
no vento,
            no vento,
                    no vento.

Tradução de Haroldo de Campos, 1958

Naturspiel
(Eine Unterlage für Programm-Musik)

Ein Hund,
mit braunen Flecken,
auf weißem Grund,
jagt ein Huhn,
mit weißen Flecken
auf braunem Grund,
nicht unergötzlich
in einem Torgang
von links nach rechts,
von rechts nach links,
herüber,
hinüber.

Plötzlich
(Gott behüte uns
vor einem ähnlichen Vorgang!)
springen
wohl im Ringen
und Reiz
der Gefechts-
leiden-
schaft,
wie im Takt —
(oh, wie kann
man
es
nur
heraus-
bringen!)...
als wie kraft
eines gegen-
seitigen
Winks

Jogo da natureza

Cão
com malhas fulvas
em campo branco
caça perdiz
com malhas brancas
em campo fulvo:
jogo jocoso
corrida em corredor
direita — esquerda
esquerda — direita
acima
abaixo.

Súbito
(Deus nos livre
de semelhante coisa!)
em meio à rinha
e raiva
da beli-
cosidade
(oh!
descrever
quem
há-
de!)
saltam —
como a um
recí-
proco sinal

der beiden
Eigen-
tümer —
die Flecken des Huhns
los und locker
aus ihrer Fassung
auf den Hund über
und die Flecken des Hunds
ihrerseits
auf das Huhn.
Und nun — :
(Welch ein Akt
ungestümer
reziproker
Anpassung,
mit keinem anderweitigen
Tableau
noch Prozeß
im weiten Haus,
Kreis,
Rund
und Reigen
der Natur
zu belegen!)
ist der Hund —
weiß
und das Huhn — braun
anzuschaun!!

de ambos os pro-
prietários
em compasso binário —
as malhas da perdiz
soltas
frouxas
de seu engaste
por sobre o cão
e as malhas do cão
de sua parte
sobre a perdiz
(que ou-
sada proeza
mútuo compromisso
quadro nunca visto
processo a ser provado
no vasto domicílio
ciclo
ronda
ciranda
da natureza!):
cão — branco
fulva — perdiz
é o matiz!

Tradução de Haroldo de Campos, 1958

Palmström legt des Nachts sein Chronometer

Palmström legt des Nachts sein Chronometer,
um sein lästig Ticken nicht zu hören,
in ein Glas mit Opium oder Äther.

Morgens ist die Uhr dann ganz "herunter".
Ihren Geist von neuem zu beschwören,
macht er sie mit schwarzem Mokka munter.

Palmström guarda à noite seu relógio

Palmström guarda à noite seu relógio
num copo cheio de éter e de ópio:
isto aplaca seu ruído impertinente.

O relógio amanhece de ressaca.
Para ver se ele toca novamente,
Dá-lhe um banho de moca, forte e quente.

Tradução de Haroldo de Campos, 1958

Palmström e seu cronômetro

Palmström coloca, quando dorme,
o seu cronômetro num copo, com éter ou ópio,
para não ouvir o tic-tac enorme.

De manhã o relógio mal se toca.
Para espertar o seu espírito entrópio
ele o lava com preta e forte moca.

Tradução de Montez Magno, 1983

Das ästhetische Wiesel

Ein Wiesel
saß auf einem Kiesel
inmitten Bachgeriesel.

Wißt ihr
weshalb?

Das Mondkalb
verriet es mir
im Stillen:

Das raffinier-
te Tier
tat's um des Reimes willen.

O teixugo estético

Um teixugo
sentou-se num sabugo
no meio do refugo.

Por que
afinal?

O lunático
segredou-me
estático:

O re-
finado animal
acima
agiu por amor à rima.

Tradução de Haroldo de Campos, 1958

Doninha esteta

A doninha
sobre a pedrinha
na ribeirinha.

Sabeis
por quê?

O bezerro lunar
revelou-me assim
lá de cima:

O requin-
tado animal
o faz pela rima.

Tradução de Roberto Schwarz, 1958

Das Nasobēm

Auf seinen Nasen schreitet
einher das Nasobēm,
von seinem Kind begleitet.
Es steht noch nicht im Brehm.

Es steht noch nicht im Meyer.
Und auch im Brockhaus nicht.
Es trat aus meiner Leyer
zum ersten Mal ans Licht.

Auf seinen Nasen schreitet
(wie schon gesagt) seitdem,
von seinem Kind begleitet,
einher das Nasobēm.

O Nasobete

Sobre os narizes lampeiro
acompanhado do herdeiro
aproxima-se o Nasobete.
Não consta no Aulette.

Nem no Lello. Não admira
que não se encontre no Larousse
pois nasceu de minha lira
que o deu à luz.

Sobre os narizes marcha lampeiro
(como já foi dito) desde o dia sete
acompanhado de seu herdeiro
para frente o Nasobete.

Tradução de Roberto Schwarz, 1958

O Naribraz

Em seus narizes apoiado
vai por aí o Naribraz,
sempre com o filhote ao lado.
Ele não consta do Morais.

Nem figura no Laudelino
e ainda não está no Aurélio.
Só veio à luz, repentino,
com esta léria no prelo.

Em seus narizes apoiado
(como foi dito), contumaz,
desde sempre — o filhote ao lado —
vai por aí o Naribraz.

Tradução de Sebastião Uchoa Leite, 1983

Erster Schnee

Aus silbergrauen Gründen tritt
ein schlankes Reh
im winterlichen Wald
und prüft vorsichtig, Schritt für Schritt,
den reinen, kühlen, frischgefallnen Schnee.

Und Deiner denk' ich, zierlichste Gestalt.

Primeira neve

Dos vales de gris argênteo
chega à floresta hibernal
uma corça airosa, esguia:
cautelosa, passo a passo,
ela prova a neve pura, fria,
que cai do céu.
E eu penso em ti,
em tua graça infinita

Tradução de Paulo Mendes Campos, 1964

Primeira neve

Dos vales de gris argênteo
             chega à mata de inverno
uma corça
      airosa
         esguia
            cautelosa
                passo
                   a
                   passo

e
   prova   infinita
a   graça
   neve   tua
pura   na
   fria   ti
que   em
   cai   penso
do   eu
   céu   e

Tradução de Paulo Mendes Campos, 1981

Die Trichter

Zwei Trichter wandeln durch die Nacht.
Durch ihres Rumpfs verengten Schacht
fliesst weisses Mondlicht
still und heiter
auf ihren
Waldweg
u. s.
w.

Os funis

Dois funis andam pelo escuro
Através do seu fino furo
flui o leite da lua
e pela floresta
calmo e claro
penetra
e t
c
.

Tradução de Augusto de Campos, 1967

Wie sich das Galgenkind* die Monatsnamen merkt

Jaguar
Zebra
Nerz
Mandrill
Maikäfer
Pony
Muli**
Auerochs
Wespenbär***
Locktauber
Robbenbär
Zehenbär

---

*   Na edição crítica da obra de Morgenstern, lê-se "der Kleine Lutz" ("o pequeno Lutz") em vez de "das Galgenkind" ("a criança do patíbulo").

**   Na mesma edição, lê-se "Fliegender Hund" (literalmente, "cachorro voador", em referência ao mês da "canícula") em vez de "Muli" (derivado de "Juli", "julho").

***   Na mesma edição, lê-se "Salamander" ("salamandra") em vez de "Wespenbär" (literalmente, "urso-vespa", numa alusão fonética tanto a "September" como a "Wespennest", "ninho de vespas").

Como as crianças da forca memorizam os meses

Carneiro
Lebreiro
Morso
Cabril
Baio
Fuinha
Mulo
Lagosto
Serpembro
Octópode
Novoumbro
Dezebra

Tradução de Augusto de Campos, 1967

Der Lattenzaun

Es war einmal ein Lattenzaun,
mit Zwischenraum, hindurchzuschaun.

Ein Architekt, der dieses sah,
stand eines Abends plötzlich da —

und nahm den Zwischenraum heraus
und baute draus ein grosses Haus.

Der Zaun indessen stand ganz dumm,
mit Latten ohne was herum,

ein Anblick grässlich und gemein.
Drum zog ihn der Senat auch ein.

Der Architekt jedoch entfloh
nach Afri — od — Ameriko.

A cerca de paus

Era uma cerca natural,
com pausas de pau a pau.

Um arquiteto a viu pousada.
Voltou depois, de madrugada:

Deixou os paus, levou as pausas
E fez com elas uma casa.

Para a cerca foi um transtorno.
Só, com os paus, sem nada em torno.

Se achava horrível e vulgar.
O prefeito a fez retirar.

Mas o arquiteto deu no pé
Para a Áfri- ou para a Amé-

Tradução de Augusto de Campos, 1970

Das böhmische Dorf

Palmström reist, mit einem Herrn v. Korf,
in ein sogenanntes Böhmisches Dorf.

Unverständlich bleibt ihm alles dort,
von dem ersten bis zum letzten Wort.

Auch v. Korf (der nur des Reimes wegen
ihn begleitet) ist um Rat verlegen.

Doch just dieses macht ihn blaß vor Glück.
Tiefentzückt kehrt unser Freund zurück.

Und er schreibt in seine Wochenchronik:
Wieder ein Erlebnis, voll von Honig!

Korf na aldeia de Dorf

Palmström, ao lado de um certo sr. Korf,
viaja para a aldeia boêmia* de Dorf.

Tudo lá lhe é incompreensível, de tal sorte
que nada entende da fala da coorte.

Mesmo o sr. Korf (que só o acompanha
por causa da rima) a tudo estranha.

Mas justo isso o faz feliz da vida.
Muito encantado ele retorna em seguida.

E anota em sua semanal crônica:
"Outra grande aventura ôntica".

Tradução de Montez Magno, 1983

* A expressão alemã "aldeia da Boêmia" significa "coisa que não se entende":
"para mim são aldeias boêmias" vale por "não entendo o que é isso" ou ainda
"para mim isso é grego". *Dorf* quer dizer aldeia; a redundância é intencional.
[N. T.]

Die Tagnachtlampe

Korf erfindet eine Tagnachtlampe,
die, sobald sie angedreht,
selbst den hellsten Tag
in Nacht verwandelt.

Als er sie vor des Kongresses Rampe
demonstriert, vermag
niemand, der sein Fach versteht,
zu verkennen, daß es sich hier handelt —

(Finster wird's am hellerlichten Tag,
und ein Beifallssturm das Haus durchweht)
(Und man ruft dem Diener Mampe:
'Licht anzünden!') — daß es sich handelt

um das Faktum: daß gedachte Lampe,
in der Tat, wenn angedreht,
selbst den hellsten Tag
in Nacht verwandelt.

Korf inventa uma lanterna diurnoturna

Korf inventa uma lanterna
diurnoturna; quando acende,
até o dia mais claro
em noite é convertido.

Ao mostrá-la na parte interna
do teatro, a um público preclaro,
ninguém que à exposição assiste
ignora o que se pretende —

(torna-se noite o dia claro,
e uma ovação sacode o prédio;
chamam o vigilante, o sr. Berna:
"acenda a luz!") que se pretende

de fato, que a curiosa lanterna,
no ato, quando acende,
até o dia mais claro
em noite é convertido.

Tradução de Montez Magno, 1983

Palmströms Uhr

Palmströms Uhr ist andrer Art,
reagiert mimosisch zart.

Wer sie bittet, wird empfangen.
Oft schon ist sie so gegangen,

wie man herzlich sie gebeten,
ist zurück- und vorgetreten,

eine Stunde, zwei, drei Stunden,
jenachdem sie mitempfunden.

Selbst als Uhr, mit ihren Zeiten,
will sie nicht Prinzipien reiten:

Zwar ein Werk, wie allerwärts,
doch zugleich ein Werk – mit Herz.

O relógio de Palmström

O relógio de Palmström é coisa à parte:
reage dócil, com dadivosa arte.

A quem lhe solicita corresponde.
Várias vezes ele fez por onde

atuar, ora rápido, ora mais brando:
foi atrasando ou adiantando

uma hora, duas, três horas, em
acordo do que achava bem.

Mesmo sendo relógio, não lhe regem
princípios retos, e as horas seguem.

É uma máquina, isto é certo,
mas tem o coração aberto.

Tradução de Montez Magno, 1983

Korf erfindet eine Art von Witzen

Korf erfindet eine Art von Witzen,
die erst viele Stunden später wirken.
Jeder hört sie an mit langer Weile.

Doch als hätt' ein Zunder still geglommen,
wird man nachts im Bette plötzlich munter,
selig lächelnd wie ein satter Säugling.

Korf inventa uma arte humorística

Korf inventa uma arte humorística
cujo efeito só depois se realiza.
Todos a escutam com infinito tédio.

Porém, como um pavio que arde em silêncio,
acorda-se à noite, de súbito, satisfeito,
feliz como um bebê sorrindo.

Tradução de Montez Magno, 1983

O invento de Korf

Korf inventou uma espécie de piadas
que só fazem efeito muitas horas passadas.
Todos as ouvem com tédio, enfadados.

Mas é como um rastilho, queimando em surdina.
Quando é noite, na cama, repentina euforia
faz sorrir feito um beato bebê amamentado.

Tradução de Rubens Rodrigues Torres Filho, 1987

Die Waage

Korfen glückt die Konstruierung einer
musikalischen Personenwaage,
Pfund für Pfund mit Glockenspielansage.

Jeder Leib wird durch sein Lied bestimmt;
selbst der kleinste Mensch, anitzt geboren,
silberglöckig* seine Last vernimmt.

Nur v. Korf entsendet keine Weise,
als (man weiß) nichtexistent im Sinn
abwägbarer bürgerlicher Kreise.

*   Na edição crítica da obra de Morgenstern, lê-se "silbergongig" ("como gongos de prata") em vez de "silberglöckig" ("como sinos de prata").

A balança

Korf saiu-se bem ao construir
uma musical balança personalizada,
quilo por quilo em carrilhão anunciada.

Cada corpo é medido por seu timbre;
mesmo o recém-nascido, o menor ser, se ouve
em um sino de prata preso ao cimbre.

Apenas von Korf nenhum som emite,
sendo (como se sabe) inexistente, no tino
dos pesados burgueses da elite.

Tradução de Montez Magno, 1983

Exlibris

Ein Anonymus aus Tibris
sendet Palman ein Exlibris.

Auf demselben sieht man nichts,
als den weißen Schein* des Lichts.

Nicht ein Strichlein ist vorhanden.
Palma fühlt sich warm verstanden.

Und sie klebt die Blättlein rein
allenthalben dankbar ein.

---

*   Na edição crítica da obra de Morgenstern, lê-se "Strahl" ("raio") em vez de
"Schein" ("brilho", "luzir").

Ex-libris

Um anônimo de Tibris
envia a Palma um ex-libris.

Nada há nele, nada transmite,
salvo a intensa luz que emite.

Nenhuma linha, para seu espanto.
Palma se regozija, no entanto.

E vai colando, em êxtase, com arte,
o papelzinho puro em toda parte.

Tradução de Montez Magno, 1983

Vice versa

Ein Hase sitzt auf einer Wiese,
des Glaubens, niemand sähe diese.

Doch, im Besitze eines Zeißes,
betrachtet voll gehaltnen Fleißes

vom vis-à-vis gelegnen Berg
ein Mensch den kleinen Löffelzwerg.

Ihn aber blickt hinwiederum
ein Gott von fern an, mild und stumm.

Vice-versa

Um coelho parou no descampado,
certo de que não fora notado.

Porém, segurando um óculos de alcance,
um homem observa a cada lance

do alto de um monte, atentamente,
o orelhudo anão à sua frente.

Por sua vez ele é visto sobretudo
por um Deus distante, meigo e mudo.

Tradução de Montez Magno, 1983

Geburtsakt der Philosophie

Erschrocken staunt der Heide Schaf mich an,
als säh's in mir den ersten Menschenmann.
Sein Blick steckt an*; wir stehen wie im Schlaf;
mir ist, ich säh' zum ersten Mal ein Schaf.

*   Na edição crítica da obra de Morgenstern, lê-se "berückt" ("cativa") em vez
de "steckt an" ("contagia").

Nascimento da filosofia

Espantada, a ovelha me olha enquanto come,
como se vira em mim o primeiro homem.
Seu olhar contagia; pasmamos; está parecendo
que pela primeira vez uma ovelha estou vendo.

Tradução de Montez Magno, 1983

Der Gingganz

Ein Stiefel wandern und sein Knecht
von Knickebühl gen Entenbrecht.

Urplötzlich auf dem Felde drauß
begehrt der Stiefel: Zieh mich aus!

Der Knecht drauf: Es ist nicht an dem;
doch sagt mir, lieber Herre, —: wem?

Dem Stiefel gibt es einen Ruck:
Fürwahr, beim heiligen Nepomuk,

ich ging ganz in Gedanken hin...
Du weißt, daß ich ein andrer bin,

seitdem ich meinen Herrn verlor...
Der Knecht wirft beide Arm' empor,

als wollt' er sagen: Laß doch, laß!
Und weiter zieht das Paar fürbaß.

Andavatoda

Uma bota e o seu criado seguem
de Leipzig em direção a Dresden.

De repente, sem menos nem mais,
a bota ordena: "Descalce-me, rapaz!".

O criado reage: "Não é possível, porém
diga-me, patrão, descalçar a quem?".

A bota estanca, perturbada a cuca:
"É verdade, pela Santa Nepomuca,

eu andavatoda fora de mim...
Você sabe, eu fiquei assim

desde que perdi o meu senhor...".
O criado ergue os braços com estupor,

como quem diz: "E agora, o que faço?".
E os dois prosseguem passo a passo.

Tradução de Montez Magno, 1983

Golch und Flubis

Golch und Flubis, das sind zwei
Gaukler* aus der Titanei,

die mir einst in einer Nacht
Zri, die große Zra, vermacht.

Mangelt irgend mir ein Ding,
ein Beweis, ein Baum, ein Ring –

ruf ich Golch: und er verwandelt
sich in das, worum sich's handelt.

Während Flubis umgekehrt
das wird, was man gern entbehrt.

Bei z. B. Halsbeschwerden
wird das Halsweh Flubis werden.

Fällte dich z. B. Mord,
ging' der Tod als Flubis fort.

Lieblich lebt es sich mit solchen
wackern Flubissen und Golchen.

Darum suche jeder ja
dito Zri, die große Zra.

---

* Na edição crítica da obra de Morgenstern, lê-se "Kentauren" ("centauros") em vez de "Gaukler" ("saltimbancos").

Golch e Flubis

Golch e Flubis (parece insânia)
são dois saltimbancos da Titânia,

que me foram deixados, vê-se já,
por um tal Zri, a grande Zra.

Se me falta aquilo de que preciso
— um atestado, uma árvore, um guizo,

chamo a Golch, e logo ele vem
transformado no que me convém.

Enquanto Flubis, por ordinário,
se transforma no desejo contrário.

Assim, se alguém da garganta adoece,
o mal-estar com Flubis desaparece.

Se, por exemplo, você está sem sorte
e cai morto, Flubis fica e vai a Morte.

Vive-se tranquilamente, pois,
tendo-se ao lado Flubises e Golches.

Por isso cada um que vá
em busca de Zri, da grande Zra.

Tradução de Montez Magno, 1983

Die Tafeln [ou *Ligna loquuntur*]

Man soll nichts gegen jene Tafeln sagen,
die eine Hand an ihrer Stirne tragen,

den Namen einer Schenke nahebei,
den Paragraphen einer Polizei.

Sie sind, wenn sonst nichts spricht im weiten Land,
ein wundervoller justiger* Bestand.

Bescheiden zeugt ihr Dasein von – Kultur:
Hier herrscht der Mensch, – und nicht mehr Bär und Ur.

---

*   Na edição crítica da obra de Morgenstern, lê-se "geistiger" ("espiritual" ou "intelectual") em vez de "justiger" ("justo").

As placas

Não se deve zombar das placas que trazem
uma mão mostrando o que ali fazem,

o nome de um bar que atrai o freguês,
os regulamentos que a polícia fez.

Elas são, se nada mais fala neste vasto mundo,
um maravilhoso exemplo, justo e profundo.

Sua modesta presença é uma lição de cultura:
aqui reina o homem, não mais o urso e o miúra.

Tradução de Montez Magno, 1983

Das Knie

Ein Knie geht einsam durch die Welt.
Es ist ein Knie, sonst nichts!
Es ist kein Baum! Es ist kein Zelt!
Es ist ein Knie, sonst nichts.

Im Kriege ward einmal ein Mann
erschossen um und um.
Das Knie allein blieb unverletzt –
als wär's ein Heiligtum.

Seitdem geht's einsam durch die Welt.
Es ist ein Knie, sonst nichts.
Es ist kein Baum, es ist kein Zelt.
Es ist ein Knie, sonst nichts.

O joelho

Um joelho, ele-só, percorre a Terra.
É um joelho só: mais nada.
Não uma árvore! Não uma serra!
É um joelho só: mais nada.

Na guerra, uma vez, foi alguém
de lado a lado metralhando.
O joelho, ele-só, escapou:
como um local sagrado.

Desde aí, ele-só, percorre a Terra.
É um joelho só: mais nada.
Não uma árvore! Não uma serra!
É um joelho só: mais nada.

Tradução de Sebastião Uchoa Leite, 1983

Die Korfsche Uhr

Korf erfindet eine Uhr,
die mit zwei Paar Zeigern kreist,
und damit nach vorn nicht nur,
sondern auch nach rückwärts weist.

Zeigt sie zwei, — somit auch zehn;
zeigt sie drei, — somit auch neun;
und man bracht nur hinzusehn,
um die Zeit nicht mehr zu scheun.

Denn auf dieser Uhr von Korfen,
mit dem janushaften Lauf,
(dazu ward sie so entworfen):
hebt die Zeit sich selber auf.

O relógio de Korf

Korf inventa um relógio: os ponteiros
giram em dois pares — um a mais.
São, além disso, não só dianteiros:
giram também para trás.

Se marcam duas — marcam as dez;
se apontam o três — apontam o nove.
E basta fixá-los, sem viés:
o medo ao tempo se remove.

Porque tal relógio kórfico, objeto
de curso a Janus semelhado
(pois assim visava o projeto),
torna o próprio tempo encalhado.

Tradução de Sebastião Uchoa Leite, 1983

O relógio de Korf

Dois ponteiros se mexem
no relógio que Korf inventou
para marcar o tempo que vem
e o tempo que passou.

Dez e duas marcam de uma só vez;
marcam nove e três — mais tarde e mais cedo;
e todos os que o consultam
perdem o medo do tempo.

Pois neste relógio de Juno
que Korf inventou, ambidestro,
o tempo (como ele queria)
anula o tempo.

Tradução de Felipe Fortuna, 1990

Korfs Geruchs-Sinn [ou *For the Happy Few*]

Korfs Geruchs-Sinn ist enorm.
Doch der Nebenwelt gebricht's —
und ihr Wort: "Wir riechen nichts"
bringt ihn oft aus aller Form.

Und er schreibt wie Stendhal Beyle
stumm in sein Notizbuch ein:
Einst, nach überlanger Weile,
werde ich verstanden sein.*

---

*   Na edição crítica da obra de Morgenstern, lê-se "wird mein Werk gerochen sein" ("minha obra será cheirada" ou "farejada") em vez de "werde ich verstanden sein" ("serei compreendido").

O olfato de Korf

O olfato de Korf é enorme,
mas ao mundo em volta é negada
tal dádiva. Se dizem: "Não cheiro nada",
ele sai da linha, disforme.

E escreve — como Stendhal Beyle
— no diário, caladamente:
um dia, em que o tempo engelhe,
me entenderá tal gente.

Tradução de Sebastião Uchoa Leite, 1983

Die Brillen

Korf liest gerne schnell und viel,
darum widert ihn das Spiel
all des zwölfmal Unerbetnen,
Ausgewalzten, Breitgetretnen.

Meistens ist in sechs bis acht
Wörtern* völlig klargemacht,
und in ebensoviel Sätzen
läßt sich Bandwurmweisheit schwätzen.

Es erfindet drum sein Geist
etwas, was ihn dem entreißt:
Brillen, deren Energien
ihm den Text zusammenziehen!

Beispielsweise dies Gedicht
läse, so bebrillt, man – *nicht*!
Dreiunddreissig** seinesgleichen
gäben erst – ein – Fragezeichen!

---

*   Na edição crítica da obra de Morgenstern, lê-se "Silben" ("sílabas") em vez de
"Wörtern" ("palavras").

**   Na mesma edição, lê-se "dreiundsechzig" ("sessenta e três") em vez de "drei-
unddreissig" ("trinta e três").

Os óculos

Korf gosta de ler rápido e ávido:
por isso odeia o jogo pávido
do que é doze vezes repetido,
o esparramado e sem-sentido.

Pois amiúde se resolveria de vez
tudo em oito palavras ou seis,
e em frases a mesma quota afiada
pode conter muita conversa fiada.

O seu espírito inventou, por isso,
algo que o libertasse disso:
óculos, com energia rara,
que o flux do texto param.

Exemplo, este poema, decidido:
com tais óculos, nem seria lido.
33 iguais a ele, sem questão,
seriam só — um — ponto de interrogação!

Tradução de Sebastião Uchoa Leite, 1983

Vom Zeitungslesen

Korf trifft oft Bekannte, die voll von Sorgen
wegen der sogenannten Völkerhändel. Er rät:
"Lesen Sie doch die Zeitung von übermorgen.

Wenn die Diplomaten im Frühling raufen,
nimmt man einfach ein Blatt vom Herbst zur Hand
und ersieht daraus, wie alles abgelaufen.

Freilich pflegt man es umgekehrt zu machen,
und wo käme die 'Jetztzeit' denn sonst auch hin!
Doch de facto sind das nur Usus-Sachen."

Sobre a leitura de jornal

Korf vê sempre gente aflita pela manhã
com os ditos conflitos mundiais. E clama:
"Leiam os jornais de depois de amanhã.

Quando os diplomatas rugem na primavera
deve-se, apenas, folhear os jornais de outono,
e vê-se, aí, no que a disputa dera.

Exatamente oposto é o hábito difuso:
se assim não fosse, o que seria do 'agora'!
Mas, *de facto*, é mera questão de uso".

Tradução de Sebastião Uchoa Leite, 1983

L'art pour l'art

Das Schwirren eines aufgeschreckten Sperlings
begeistert Korf zu einem Kunstgebilde,
das nur aus Blicken, Mienen und Gebärden
besteht. Man kommt mit Apparaten,
es aufzunehmen; doch v. Korf "entsinnt sich
des Werks nicht mehr", entsinnt sich keines Werks mehr
anlässlich eines "aufgeregten Sperlings".

L'art pour l'art

O súbito zunir de um pardal assustado
inspira a Korf uma obra de arte
só de olhar, rosto e gestos
composta. Acorrem com máquinas
para captá-la. Mas Korf: "não se lembra
mais da obra", "não se lembra mais de obra alguma"
inspirada em um "pardal agitado".

Tradução de Sebastião Uchoa Leite, 1983

Die Behörde

Korf erhält vom Polizeibüro
ein geharnischt Formular,
wer er sei und wie und wo.

Welchen Orts er bis anheute war,
welchen Stands und überhaupt,
wo geboren, Tag und Jahr.

Ob ihm überhaupt erlaubt,
hier zu leben und zu welchem Zweck,
wieviel Geld er hat und was er glaubt.

Umgekehrten Falls man ihn vom Fleck
in Arrest verführen würde, und
drunter steht: Borowsky, Heck.

Korf erwidert darauf kurz und rund:
"Einer hohen Direktion
stellt sich, laut persönlichem Befund,

untig angefertigte Person
als nichtexistent im Eigen-Sinn
bürgerlicher Konvention

vor und aus und zeichnet, wennschonhin
mitbedauernd nebigen Betreff,
Korf. (An die Bezirksbehörde in —)."

Staunend liest's der anbetroffne Chef.

A repartição

Korf recebe da delegacia local
um superminucioso formulário
sobre quem e como, onde e qual.

Em que distrito viveu e outro vário
inquisitório: qual a profissão,
onde nasceu, ano e dia, o salário.

E se está autorizado ou não
a residir aqui, com que objetivo,
e se tem posses, crença ou religião.

No caso de não atender ao requisito
vai direto à cadeia. E por endosso:
Borowsky, Heck. Chefe do Distrito.

Korf responde logo curto e grosso:
"Apresenta-se, à seção competente,
averiguado por seu próprio esforço

como alguém que é não existente
pelo capricho social,
o subscrito remetente

que se firma, convencional,
ainda que lastime o fato,
Korf. (À Chefatura Distrital)".

O Chefe leu estupefato.

Tradução de Sebastião Uchoa Leite, 1983

Auf dem Fliegenplaneten

Auf dem Fliegenplaneten,
da geht es dem Menschen nicht gut:
Denn was er hier der Fliege,
die Fliege dort ihm tut.

An Bändern voll Honig kleben
die Menschen dort allesamt,
und andre sind zum Verleben
in süßliches Bier verdammt.

In Einem nur scheinen die Fliegen
dem Menschen vorauszustehn:
Man bäckt uns nicht in Semmeln
noch trinkt man uns aus Versehn.

No planeta das moscas

No planeta das moscas, o homem
não se acomoda nada bem:
pois o que aqui faz às moscas
elas lhe fazem lá, também:

Grudar em cartões melados
uma pessoa atrás de outra,
e sendo muitos condenados
a boiar em cerveja doce.

Só num ponto se mostram as moscas
aos homens superiores: elas não
nos assam em broas ao forno,
nem nos bebem por distração.

Tradução de Sebastião Uchoa Leite, 1983

Der Papagei

Es war einmal ein Papagei,
der war beim Schöpfungsakt dabei
und lernte gleich am rechten Ort
des ersten Menschen erstes Wort.

Des Menschen erstes Wort war A
und hieß fast alles, was er sah,
z. B. Fisch, z. B. Brot,
z. B. Leben oder Tod.

Erst nach Jahrhunderten voll Schnee
erfand der Mensch zum A das B
und dann das L und dann das Q
uns schließlich noch das Z dazu.

Gedachter Papagei indem
ward älter als Methusalem,
bewahrend treu in Brust und Schnabel
die erste menschliche Vokabel.

Zum Schlusse starb auch er am Zips.
Doch heut noch steht sein Bild in Gips,
geschmückt mit einem grünen A,*
im Staatsschatz zu Ekbatana.

---

* Na edição crítica da obra de Morgenstern, lê-se "großen A" ("grande A")
em vez de "grünen A" ("verde A").

O papagaio

Era uma vez um papagaio
que a Criação presenciou no ensaio
e aprendeu certo na devida lavra
do primeiro homem a primeira palavra.

A primeira palavra foi o A
que significa tudo o que há:
p. ex. peixe, p. ex. o Norte,
p. ex. a vida ou a morte.

Só após muitas neves viver
pulou o homem do A para o B
e depois L e depois X
e enfim Z, no fim do giz.

De boa memória como ninguém,
ficou mais velho que Matusalém
o papagaio, preso ao bico
o primeiro vocábulo tão rico.

Bateu enfim também as botas.
Mas o seu busto em terracota
refulge, com um A Verde-Radial,
no Museu Histórico Nacional.

Tradução de Sebastião Uchoa Leite, 1983

Der kulturbefördernde Füll

Ein wünschbar bürgerlich Idyll
erschafft, wenn du ihn trägst, der Füll.

Er kehrt, nach Vorschrift aufgehoben,
die goldne Spitze stets nach oben.

Wärst du ein Tier und sprängst auf Vieren,
er würde seinen Saft verlieren.

Trag einen Füll drum! (Du verstehst:
Damit du immer aufrecht gehst.)

A caneta que transporta cultura

Burguês Idílio, ou fábula-cometa
surge, ao levar-se ao bolso uma caneta.

Pois, espetada a capricho, ela aponta
direto e acima uma dourada ponta.

Se em quatro pés ficasses como bicho
a seiva se esvairia num esguicho.

Leva a caneta em ponta! (Eis o trato:
para que não caias nunca de quatro.)

Tradução de Sebastião Uchoa Leite, 1983

Die beiden Esel

Ein finstrer Esel sprach einmal
zu seinem ehlichen Gemahl:

"Ich bin so dumm, du bist so dumm,
wir wollen sterben gehen, kumm!"

Doch wie es kommt so öfter eben:
Die beiden blieben fröhlich leben.

Os dois burros

Um burro macambúzio e mal com a sorte
diz, certa vez, à legítima consorte:

"Eu sou tão burro e você é tão burra.
Morramos logo!" — ele fala, ou zurra.

Mas, como sói acontecer frequente,
vivos ficaram, zurrando alegremente.

Tradução de Sebastião Uchoa Leite, 1983

No planeta
de Morgenstern

Sebastião Uchoa Leite

Da obra do esotérico poeta Christian Morgenstern, cuja breve trajetória se deu entre fins do século XIX e começos do XX, não se pode falar da ocupação de um espaço de totalização reservado a um Hölderlin ou um Novalis. Ao contrário, o fenômeno da poesia de Morgenstern é, com facilidade, inserível na categoria da "curiosidade estética". O espaço ocupado por ele é o do deslocado, o da poesia fora do lugar que lhe é comumente destinado: o de porta-voz da sublimação do real, daquela poesia que acentua as tonalidades graves. Para muitos, talvez até para a maioria, é o único modo possível de se considerar algo poético. Apreender justamente nos maiores poetas a nota que pode ser discordante desse conceito genérico, aquilo que marca uma diferença em relação ao senso comum do poético — pela inteligência iluminadora da forma — já é tarefa para uma crítica muito especial. Reconhecer aquilo que, num deslocado como Morgenstern, desvia-se 180 graus das convenções do poético e, mesmo assim, revela uma rara percepção da função poética, parecerá a alguns coisa de extravagante gosto estético. Curiosamente, contudo, se a poesia de Morgenstern não pode ser considerada de alta definição estética — sendo difícil enquadrá-la dentro das categorias classificatórias —, ela pode ser vista como produto de alta definição crítica. Uma crítica geral dos sistemas, do poético ao social, e abordando o ontológico pelo lado avesso dos paradoxos.

É claro que, se Morgenstern não optou sempre (pois há na sua obra poética duas faces distintas, como se verá adiante) por uma visão totalizadora, e sim por uma do particular, do detalhe, do viés — e nesse sentido o uso da sinédoque ou da metonímia é hiperbólico até o extremo do caricato —, ele se movimenta num terreno minado, num território movediço nem sempre perfeitamente balizado, em que o humor e o gosto pelo grotesco confinam com o filão meramente bufônico e tornam-se fronteiriços do *kitsch*. Não é raro, no entanto, encontrar-se nos autores comumente aceitos como universais — como Shakespeare, por exemplo — a incursão por alusões e jogos de palavras tidos como duvidosos ou no mínimo exóticos por uma visão crítica mais apegada aos padrões. A poesia crítica se movimenta frequentemente em terrenos minados. Morgenstern foi crítico ao apontar sempre para a falácia de se considerar como definitivos os padrões de cultura, como, por exemplo, o padrão de se dar importância apenas às coisas mais graves e se menosprezar a lição cultural de todo o universo que nos rodeia, mesmo daquilo que nos parece risível. Nesse sentido, ele foi avançado em relação à estética mais geral do seu tempo, sendo quase um hiper-realista *avant la lettre* ao incorporar um certo sabor de *mass media* que muito viria a influenciar a visão estética contemporânea em décadas recentes. Ele apontou com precisão para uma moderna concepção de cultura, em que o sinal do particular se inscreve como metáfora do geral. Apenas como exemplo, pode-se citar o poema "As placas", no qual ele se utiliza de uma metáfora metonímica:

Não se deve zombar das placas que trazem
uma mão mostrando o que ali fazem,

o nome de um bar que atrai o freguês,
os regulamentos que a polícia fez.

[...]

Sua modesta presença é uma lição de cultura:
aqui reina o homem, não mais o urso e o miúra.

Eis como um elemento de indicação que beira o *kitsch*, o índice que aponta para as coisas, transforma-se num símbolo universal, sinal de todos os sinais, metáfora geral da cultura humana. Um elemento metonímico similar vai surgir, quase em sentido inverso — o da ironia com os usos do comportamento burguês —, no poema "A caneta que transporta cultura", no qual se esboça uma visão histriônica do universo da cultura.

Pois, espetada a capricho, ela aponta
direto e acima uma dourada ponta.

[...]

Leva a caneta em ponta! (Eis o trato:
para que não caias nunca de quatro).

Em diversos textos identificados com esse aspecto peculiar de uma parte da poesia de Morgenstern, o da crítica da cultura, a imagem metonímica cresce e se torna personagem tragicômica de uma comédia existencial burguesa. Citem-se, como exemplos, poemas como "O joelho", "O Naribraz" (ou *"Das Nasobēm"*, palavra inventada a partir de *"Nase"*, nariz) e "Andavatoda". Nesses poemas, curiosamente, esses elementos metonímicos, ora partes do corpo humano, ora objetos — nos dois primeiros, um joelho que sobreviveu como parte isolada do corpo numa batalha e um ser indefinível criado a partir do radical *"Nase"* (nariz); no terceiro, uma bota antropomorfizada —, são imagens errantes numa direção indefinida (nos dois primeiros casos) ou numa direção definida (no caso da bota), embora não se saiba o porquê dessa direção. São, assim, figuras de uma retórica particular, inventada a partir do que parece uma simples extravagância mental, um delírio psíquico, mas, em todo caso, de uma loucura metódica, porque obedece a certas regras nesse aparente delírio. Não são, de qualquer forma, figuras de uma retórica geral, preestabelecida. Talvez, por isso, esses estranhos seres sejam errantes e vagos, como se não tivessem encontrado um ponto de fixação. Ou, quando não errantes, eles são oscilantes, como no caso do poema "A cadeira de balanço no terraço deserto", que aqui se transcreve na tradução de Haroldo de Campos:[1]

> Sou uma triste cadeira de balanço
> e balanço no vento,
> > no vento.
>
> Só, no terraço, ao relento,
> e balanço no vento,
> > no vento.
>
> E me embalo e me abalo noite adentro.
> E se embala e tatala a tília.
>
> Quem sabe o que mais cambalearia
> no vento,
> > no vento,
> > > no vento.

---

[1]   "O fabulário linguístico de Christian Morgenstern", página "Invenção" do *Correio Paulistano*, 4 de dezembro de 1960. O artigo foi recolhido por Haroldo de Campos em *O arco-íris branco* (Rio de Janeiro: Imago, 1997). [N. E.]

O poeta e tradutor Haroldo de Campos, que aponta com precisão para uma "fisiognomia do ritmo ondulatório" nesse poema, aponta também, com igual precisão, para a peculiaridade principal dessa poesia de Morgenstern: "Outra constante de Morgenstern: a transfiguração do objeto em fábula — a cadeira de balanço que vige como coisa-*persona*".[2] De fato, trata-se da criação de um universo mítico-fabulatório, do qual não está ausente o elemento-chave da fábula, que é a sua moralidade, termo aqui entendido *lato sensu*. Isso já se observou no caso de "As placas" (a "lição de cultura") e de "A caneta que transporta cultura" (de certa forma, a antilição de cultura), e poderá ser observado em muitos outros textos, inclusive nos aqui antologizados. Tal é o caso de "Vice--versa" (um homem observa um coelho, e é ao mesmo tempo observado por um "Deus distante"); de "Nascimento da filosofia" (um homem e uma ovelha se observam mutuamente como se "pela primeira vez"); de "No planeta das moscas" (o homem que vira mosca no planeta das moscas, ali recebendo igual tratamento ao que lhes dá no seu próprio mundo); de "O papagaio" (em que se estabelece uma relação de troca de atributos entre homem e papagaio); de "Sobre a leitura de jornal" (em que ironiza o hábito cultural, questionando a arbitrariedade dos significados da informação); de "Os dois burros" (nova homologia entre homem e bicho, numa crítica da acomodação institucional — no caso, a instituição do matrimônio burguês); e assim por diante. Nessa poesia de Morgenstern, é frequente o fenômeno da antropomorfização. Em grande parte dos casos, conforme a norma da tradição fabulatória de conceder "voz" (i.e., atitudes) humana aos animais, que comparecem com grande frequência, como já se notou pelas citações anteriores. Mas as transferências são às vezes inusitadas, e temos coisas tão estranhas como antropomorfizações de coisas como o ar, um suspiro, um joelho, uma bota, duas paralelas etc. Se existe uma "moralidade" no que se pode chamar de fábulas morgensternianas, trata-se de uma moralidade totalmente perturbada pelo elemento jogo. O lúdico interfere para cortar a "sublimidade" da lição de moral e introduz o "*anti-*" dentro da fábula, tornando-a uma "antilição".

No elemento de "moralidade" dos poemas de humor de Morgenstern, talvez se localize o elo dessa poesia com a sua outra poesia, de poemas lírico-filosóficos, os quais, na tradução francesa de Charles Astruc,

---

2   Ibidem. [N.E.]

receberam o título de "místicos". Também é possível ver nessas "moralidades" o eco longínquo da influência de Nietzsche, muito forte na formação inicial do poeta, embora depois renegada por ele, sob certos aspectos (pois Morgenstern detestou o estilo de *Assim falou Zaratustra*, que considerava falsamente poético). Mesmo assim, o filósofo comparece numa citação-epígrafe de uma coletânea das *Galgenlieder* e de *Der Ginganz*: quando o filósofo se refere à criança que há no homem, que quer jogar. Assim, a valorização do elemento jogo na construção poética foi tornada explícita pelo autor e é onipresente em toda essa face burlesca e grotesca da sua obra.

No entanto, na sua outra face poética, dos poemas que Astruc chamou de "místicos", a construção e o uso da linguagem são tão diversos que se tem a impressão de estar diante de outro poeta. Nesse, de interesse menor para a nossa visão contemporânea, o elemento fabulatório e lúdico quase está ausente, dando lugar a um comportamento lírico de tradição sentimental, muito mais ligado à expressão de subjetivismos emocionais do que aos riscos da aventura pelo imaginário. É corrente que se atribua essa faceta morgensterniana à influência exercida no poeta pela antroposofia de Rudolf Steiner, e mesmo à influência pessoal desse filósofo, a quem o poeta encontrou em 1909. Tal atribuição, embora contenha alguns elementos de verdade, não pode ser absolutizada, pois muitos desses poemas chamados de "místicos" são anteriores à influência do pensamento antroposófico. Não há dúvida, porém, de que a mística humanitária do filósofo teve peso considerável na elaboração de grande parte dessa poesia lírica de Morgenstern (usando-se aqui o termo "lírico" no sentido de subjetivismo sentimental, em oposição ao lúdico e humorístico da poesia burlesca, que joga permanentemente com tropos e invenções linguísticas). É provável que o poeta concedesse a essa faceta lírica uma importância maior dentro da sua produção em relação à sua poética de humor. Importa, contudo, assinalar que não se trata de fases distintas, sendo verificável a simultaneidade dessas produções. É possível pensar-se numa dissociação estilística próxima da que se observa noutros autores, como, por exemplo, Lewis Carrol, no romance *Sylvie e Bruno*.

Em todo o caso, não se deve também julgar que nesses denominados poemas "místicos" estivesse totalmente ausente o jogo da linguagem. Mesmo que a dicção seja outra, mais grave e mais direta, recorrendo menos aos elementos ficcionais (jogos do imaginário), neles podem ser observados fortes componentes imaginativos, que se revelam até no próprio desenho estrófico, vérsico, dado icônico estruturador de um modo de pensar. Veja-se, por exemplo, o texto seguinte,[3] tipificante da influência antroposófica no poeta:

Eu estava
parado à porta de uma casa.
As pessoas falavam
comigo lá de dentro
e eu lhes respondia.
Mas ao mesmo tempo
lá de fora alcançava-me
tocante melodia
de uma harpa eólia.
E meu espírito
se dividia
entre o Aqui
e o Ali
e a duras penas
eu reprimia
o jorro bruto de lágrimas
de funda emoção...
E assim permanecerei sempre na vida:
Um ouvido aos homens
abandonado
e o outro
aos teus cantos imperecíveis,
eterno Devir!

Desse Morgenstern, contudo, por opção desta antologia, não se cogitará aqui, fora o que já está referido, pois o que interessa à visão crítica e descritiva que está implicada na opção acima é o enviesado humor dos textos conhecidos como *Alle Galgenlieder*.

O conjunto com esse nome engloba as coletâneas *Galgenlieder* (1905), *Palmström* (1910), *Palma Kunkel* (1916) e *Der Gingganz* (1919), os dois últimos de publicação póstuma. O tradutor espanhol J.M. Valverde

---

3   Trata-se do poema "Ich stand in der Tür eines Hauses", escrito em 1898 mas publicado apenas postumamente, pela viúva do poeta, no volume *Mensch Wanderer* (Munique: Piper, 1927). [N.E.]

observou que há, no humor de Morgenstern, um elemento de "graça aparentemente *camp*", sendo este um termo coloquial inglês semanticamente próximo ao conceito do termo alemão *kitsch* (não exatamente igual, conforme a análise que a crítica americana Susan Sontag faz daquele termo).[4] Seja qual for o termo, os poemas humorísticos de Morgenstern correm o risco de parecerem infectados de elementos artificiosos e frívolos, ligeiramente sentimentais ou extravagantes, aparentemente sem ter um alvo definido. Em resumo, um humor gratuito e ineficaz. Mas, conforme as notas críticas de Sontag, o que caracterizaria o *camp* legítimo seria a inocência de quem produz o objeto ou o estilo (o que se aproxima do conceito do *kitsch* como "arte da felicidade", de Abraham Moles).[5] Nesse sentido, parece difícil atribuir a Morgenstern qualquer inocência. Por isso, o tradutor Valverde assinala que a poesia de Morgenstern foi lida pela média burguesia alemã da sua época como *camp*, enquanto no pós-guerra, depois da morte do poeta, houve uma redescoberta, uma releitura da sua obra pela intelectualidade alemã de vanguarda. Pode-se, no entanto, observar que essa segunda leitura privilegiou, sobretudo, os aspectos de pesquisa e experimentação de algumas invenções morgensternianas, de nítida inflexão humorística, tais como "O grande Lalulã", no plano fonético-histriônico, e o "Canto noturno do peixe", no plano óptico-paródico. Essas invenções burlescas no campo fonético, com a criação de um linguajar incompreensível, ou no campo visual, em que, pelos sinais de sílabas breves e longas do latim, se pretende mostrar o "canto" do peixe e os seus movimentos, deram margem para que os críticos Michel Seuphor e Hans Richter apontassem Morgenstern como um precursor de poéticas vanguardistas das primeiras décadas do século xx. Richter, particularmente, considera Morgenstern um precursor das experiências dadaístas de Hugo Ball, Raoul Hausmann, Kurt Schwitters e outros. A tudo isso se refere Haroldo de Campos no seu já histórico (no Brasil) estudo sobre a poesia de Morgenstern, que muito esclarece sobre essa questão.

A crítica de Haroldo de Campos detém-se particularmente sobre o caráter de pesquisa experimental do poeta, tais como deformações lexicais,

---

4   Susan Sontag, "Notes on 'Camp'", in *Partisan Review*, v. 31, n. 4, inverno de 1964; republicado em Susan Sontag, *Against interpretation* (Nova York: Farrar, Straus and Giroux, 1966). [Ed. brasileira: *Contra a interpretação*. São Paulo: Companhia das Letras, 2020.] [N. E.]

5   Abraham Moles, *O kitsch*. São Paulo: Perspectiva, 1972. [N. E.]

palavras-valise, invenções tipográficas e sonorísticas, fisiognomias rítmicas, técnicas de cortes, efeitos de espaço e interferências no campo gráfico. Esse caráter experimental, comprovado por exemplos estratégicos, corresponde à face mais inovadora de Morgenstern do ponto de vista formal, bastante avançada para o seu tempo, embora sem chegar ao cume das ousadias experimentais de Arno Holz, outro pré-vanguardista. Haroldo de Campos também se refere ao fabulário morgensterniano, um "mundo de *nonsense* onde as fronteiras entre ser vivo e coisa se abolem, e o humor se produz justamente através das desconcertantes transferências de atributos de homem a objeto, como numa descarga elétrica".[6] E aproxima o poeta alemão dos ingleses um pouco anteriores Edward Lear e Lewis Carroll. Justa aproximação no plano semântico dos jogos de linguagem e paradoxos lógicos, que vale uma apreciação mais detida. O enfoque de Haroldo de Campos visa particularmente à linha de ferina ironia estética do poeta, que tem como paradigma o seu jogo com a rima e a dessacralização do esteticismo da época. É o próprio poeta-tradutor Haroldo de Campos que recria como exemplo mais agudo o poema "Das ästhetische Wiesel", traduzindo "A doninha estética" por "O teixugo estético"[7] (para reproduzir o jogo rímico original):

Um teixugo
sentou-se num sabugo
no meio do refugo.

Por que
afinal?

O lunático
segredou-me
estático:

O re-
finado animal
acima
agiu por amor à rima.

6   "O fabulário linguístico de Christian Morgenstern", ed. cit., p. 103. [N.E.]
7   Ibidem, p. 100. [N.E.]

O exemplo evocado por Haroldo de Campos, ao contrário de ser um fenômeno de isolada inspiração inventiva, integra um processo recorrente na poesia de Morgenstern de relação rima-nome (nomes próprios, objetos, funções etc.). Assim, em "A aldeia boêmia"[8] (jogo com a expressão "isso para mim são aldeias boêmias", que significa, na linguagem coloquial alemã, o equivalente ao nosso "isso para mim é grego", ou seja, algo que não se entende), o personagem Korf segue ao lado do personagem Palmström em direção a uma aldeia (*Dorf*) onde nada se compreende apenas por causa da rima (*Korf/Dorf*); em "O Naribraz", o jogo das rimas é feito com nomes de famosos dicionários da língua alemã; e nos complicados sistemas rítmicos dos poemas "A lâmpada diurnoturna"[9] e "A repartição", o sentido parece se produzir em função do jogo das rimas, como se o autor quisesse acentuar a arbitrariedade do sistema poético, mas dentro de uma lógica associativa de equivalências fonéticas de tal ordem que o processo formal se aproxima das equações algébricas. Essa função do sistema rímico no poeta é reforçada pelo frequente jogo de rimas em eco, rimas cruzadas e falsas rimas que compareçem em numerosos outros poemas do autor. Obviamente, um processo que se repete sistematicamente tem um sentido: apesar de esses jogos parecerem simples brincadeiras, tudo indica que o poeta acentua (conscientemente) a relação entre o arbítrio da linguagem e o arbítrio do universo recriado pela sua poesia, que, por sua vez, não pode ser limitado ao único arbítrio das convenções sociais, mas a algo mais amplo, nas fronteiras da indagação ontológica.

Compreende-se, assim, a justeza da associação feita pelo poeta e crítico Haroldo de Campos entre Morgenstern e os ingleses Edward Lear e Lewis Carroll. Relação que pode ser apreciada em dois níveis. No primeiro caso, dos jogos rímicos de aparente arbitrariedade, basta lembrar que Edward Lear foi o mestre do *limerick* de formação erudita, em que o *nonsense* se produzia exatamente por meio de surpresas rímicas, obtidas comumente a partir de topônimos. Não só se observa o parentesco dessa arbitrariedade, como também se pode, a partir dessa relação comparativa, aproximar da técnica de Lear poemas de Morgenstern nos quais a repetição é um elemento frequente e funcional ("O joelho", "O Naribraz",

8   O autor traduz literalmente. Montez Magno, seu parceiro na antologia de 1983, *Canções da forca*, preferiu "Korf na aldeia de Dorf". [N. E.]

9   Montez Magno preferiu "Korf inventa uma lanterna diurnoturna". [N. E.]

"A lâmpada diurnoturna", "No planeta das moscas" etc.), sendo comum aos dois poetas o gosto pela interação de categorias ou efeitos opostos, a surpresa indo paradoxalmente de par com a repetição. Outro traço comum é a utilização satírica de breves fábulas absurdas, sendo exemplo disso em Morgenstern "O papagaio", que começa com a expressão "*Es war einmal...*", equivalente aos começos dos *limericks* de Lear — em geral, "*There was an old man...*" ou "*There was an old person...*" etc. Considere-se, ainda, o fato de que esses jogos não valem só pelos efeitos lúdicos, mas pelo retrato da pequena comédia burguesa, perseguindo um *background* do risível na pequena miséria da condição humana, com certo toque perverso (mais visível nas maldades divertidas de Lear).

Em relação a Lewis Carroll, há certa afinidade no nível das elaborações formais. Por exemplo, além do uso frequente de jogos rímicos e palavras-valise, há uma aproximação possível entre o quase intraduzível "Jabberwocky", de Carroll (embora o tenha sido de modo insuperável por Augusto de Campos), e o rigorosamente intraduzível "O grande Lalulã", de Morgenstern, tanto no plano da pura camada fônica como no da invenção bizarra que Haroldo de Campos denominou com propriedade de "mitologia fonética". Lembre-se, ainda, no plano visual, da relação possível entre o isomorfismo do poema-cauda do livro *Aventuras de Alice no País das Maravilhas* e o poema fisiognômico "Canto noturno do peixe", composto somente por sílabas longas e breves. As afinidades entre os dois criadores (embora de universos tão distintos) se afirmam de modo ainda mais surpreendente no nível das relações lógico-semânticas. Tanto Carroll quanto Morgenstern inventaram personagens que eram eles mesmos extravagantes inventores. No primeiro caso, lembrem-se dos personagens do Cavaleiro Branco (o Dom Quixote do *nonsense*), em *Através do espelho e o que Alice encontrou lá*, do Professor e do Mein Herr (que reduplica o professor no plano da realidade) em *Sylvie e Bruno*, todos sempre dispostos às mais bizarras invenções. No caso de Morgenstern, os personagens Palmström e Korf (que se declara não existente, enquanto outra personagem, Palma Kunkel, simplesmente se recusa a aparecer) são também mestres em invenções tão exóticas quanto inúteis. Em dois poemas de Morgenstern, torna-se singular a sua aproximação de ideias com o autor inglês. Trata-se, em ambos, de invenções do personagem Korf (ou não personagem, segundo ele mesmo). No poema "O relógio de Korf", imagina-se um relógio com quatro ponteiros (dois pares), de modo que as horas são marcadas em duas direções, sendo ao mesmo tempo três e nove horas, duas e dez horas etc.; o resultado é a anulação do tempo. No capítulo "An Outlandish Watch", de *Sylvie e Bruno*, há um relógio mágico que reverte a ação do tempo, de modo que os acontecimentos se passam de trás para a frente, sendo o próprio diálogo dos personagens ao revés. A anulação do futuro, no caso, implica a rigor também uma anulação do tempo. Noutro poema de Morgenstern, "Os óculos", o personagem Korf, irritado com a prolixidade dos textos que lê, inventa uns óculos com a capacidade de condensá-los. E no capítulo "L'amie inconnue", de *Sylvie e Bruno* (título em francês no original), um personagem imagina a aplicação da regra do Mínimo Múltiplo Comum à linguagem (e às ideias), reduzindo-se, assim, o número de livros no mundo, pois só escapariam aqueles em que existissem sentenças em que as ideias fossem expressas com o máximo de intensidade. Alguns livros, conclui o personagem, ficariam em branco, e as bibliotecas perderiam muito em volume, mas ganhariam em qualidade. Se não exatamente iguais, as ideias dos dois poetas se aproximam no que se refere à rejeição da prolixidade e do desperdício, e ambos imaginam técnicas de redução da linguagem a elementos funcionais básicos.

Também aproxima os dois criadores, no plano semântico, o fascínio pela inversão e pela construção lógica que, mesmo sendo uma lógica do *nonsense*, aparentemente gratuita, tem regras estabelecidas como qualquer jogo. A inversão está presente, por exemplo, em dois poemas de Morgenstern de marcado humor negro, "A lâmpada diurnoturna", em que uma lâmpada, ao invés de iluminar, escurece, e "No planeta das moscas", no qual se verifica a troca de lugar entre homem e mosca. Neste último, talvez se localize uma recorrência temática, a utilização de um *tópos* poético que, pode-se lembrar, comparece no *Rei Lear* [IV.I], de Shakespeare, quando o conde de Gloucester usa a seguinte imagem: "*As flies to wanton boys, are we to the gods;/they kill us for their sport*". Troca entre homem e mosca que ocorre no poema "A Mosca", de William Blake, que consta das *Canções da experiência*, no qual se alude a "*some blind hand*", uma mão cega (Deus?) que pode varrer o homem da terra, assim como a "mão impensada" ("*thoughtless hand*") do homem varre a mosca para longe de si. No planeta imaginário de Morgenstern, a troca é mais irônica, pois não são os deuses, e sim as próprias moscas que podem dispor do destino humano, com ferrenha reciprocidade e sem que as imaginárias moscas-deuses cometam enganos e distrações ridículas, sendo nisso "aos homens superiores".

Ampliando a imagem, o planeta de Morgenstern é um universo particular e fechado como o universo dos jogos e, por isso, de lógica irretocável. Assim acontece, por exemplo, com o relógio inventado por Korf, que, como a imagem de Janus de dupla face, se movimenta simultaneamente em duas direções, e esse movimento duplo e oposto tem como corolário lógico a anulação do tempo. Noutro poema, "Andavatoda", o criado de uma bota (que adquire no poema um *status* antropomórfico) responde, com perfeita lógica, à ordem do seu senhor (a bota) para descalçá-lo: "Diga-me, patrão: descalçar a quem?". Por desvairado que seja o *nonsense* da situação, a loucura não invalida o método, ou seja, as regras lógicas são sempre implacáveis e inatacáveis. Para citar mais um exemplo, em "A caneta que transporta cultura", a recomendação final (como se fosse a moral de uma fábula) diz que levar a caneta com a ponta sempre para cima tem como efeito andar-se sempre ereto, como ser humano, e não de quatro, como um animal, efeito inverso sugerido na estrofe anterior. As conclusões podem parecer loucas ou arbitrárias, criação de uma fantasia inconsequente, mas nem por isso deixa de estar presente o mecanismo lógico de causa e efeito. Tais relações mecânicas servem, naturalmente, de suporte a uma visão paródica da existência (leia-se também à vida burguesa que cercava o poeta), com a criação de um universo paralelo, um planeta perturbado, mas lógico.

Fica evidente que a dupla face da obra poética de Morgenstern não se explica apenas pelo uso de recursos estéticos diversificados, sendo o poeta ora um humorista lúdico, que parodia o mundo com a criação do seu planeta excêntrico, ora um místico humanitário preocupado com as questões antroposóficas, seguindo as lições do seu mestre Rudolf Steiner. Entre um e outro, medeia, aliás, um poeta preocupado com definições de ordem ética e existencial, que se manifestam por meio de epigramas e fragmentos, nos quais a evocação de leituras nietzschianas é visível. A unificação dessas duas faces pode-se dar, realmente, por essa pista. Como o antiburguês Nietzsche, o poeta Morgenstern foi um inconformado. Apenas aquele pensador, em momentos menos felizes, cedeu a uma retórica falsamente poética, e nos melhores momentos apontou, com lucidez, para os travestimentos filosóficos da acomodação e da autocomplacência burguesas. O pensador tendeu, com certa frequência, para uma dramaticidade de representação que hoje soa enfática aos ouvidos modernos. Morgenstern, porém, não era um filósofo. Justamente por ser poeta, sua poesia de intencionalidade filosófica é menos original.

Sua poesia jocosa e o delírio aparente das suas criações excêntricas foram uma defesa natural da constituição poética da sua mente contra o vírus da ênfase, da dramaticidade ou da excessiva sentimentalidade.

O melhor da poesia de Morgenstern se transmite quando o poeta consegue ser o menos enfático possível. A tradução adequada tem que ir de par com a batida seca e martelada do verso, no qual a repetição tem um efeito funcional. A pior tradução é a que parafraseia o original com ornamentos retóricos desnecessários e dá um toque melífluo a uma dicção despojada. Na linha mais radical de antiênfase, o poeta vai até a anulação dos "significados", em momentos como "O grande Lalulã" e "Canto noturno do peixe". A média dos poemas que se encontram em *Alle Galgenlieder* é relativamente traduzível, mas, em alguns casos, com dificuldades pelos jogos rímicos e fonéticos, particularmente no caso de poemas em que esses jogos estão estritamente relacionados ao plano semântico, como é o caso de "O teixugo estético". Essa média é qualitativamente heterogênea, mas o que há de mais inventivo nas *Galgenlieder* coloca o poeta numa linha de originalidade única, não só na poesia de língua alemã, como na tradição ocidental. Lendo-se esses poemas, tem-se a impressão de que foram eliminados os critérios de distinção entre categorias e espécies, entre animais e coisas, por exemplo, ou que foram permutados entre si os reinos da natureza. As partes transformam-se no todo, e as categorias se confundem, de modo que o universo da lógica parece subvertido, mas o que se subverte, na verdade, é o enfoque, a visão dos objetos, pois o que se questiona, no centro de tudo, é o senso comum.

A poesia de Morgenstern diz isso de maneiras diversas. Diz que a rima é um artifício pelo qual se pode nomear qualquer coisa (o sistema poético é arbitrário, entendendo-se aqui a rima como sinédoque); que o tempo é uma convenção e que o passado e o futuro se confundem ("O relógio de Korf"); que o hábito e a acomodação perturbam a visão das coisas ("Sobre a leitura de jornal"); que a cultura é formada pela repetição e pelo hábito, sendo a linguagem o emblema desse processo ("O papagaio"); que a cultura é formada de coisas que parecem não ter importância, mas que são seus indicadores ("As placas"); e que o homem é um produto dos mínimos instrumentos dessa cultura ("A caneta que transporta cultura"). E assim por diante. A preocupação com a posição do homem dentro do seu universo cultural parece motivo central em Morgenstern. Sua preocupação mais constante é com o enfoque, a maneira pela qual, por meio do grotesco e do caricatural, pode-se denunciar a inconsciência crítica, as quimeras subjetivas e a redundância das informações com que somos bombardeados. A criação de seres inclassificáveis ou a visão de um planeta imaginário em que os homens são objetos, e não sujeitos da ação, parecem colocar em causa a ilusão de domínio da espécie e o absoluto da racionalidade humana.

Ao questionar o senso comum ou, mais localizadamente, os caprichos das convenções sociais, o poeta naturalmente chegaria, de modo consequente, ao questionamento da própria linguagem e, especificamente, da linguagem poética do seu tempo. Nos seus lances mais arriscados, a própria comunicação é questionada, e o código linguístico se transforma numa algaravia sem sentido. Se tais exemplos são exceções, e se nem sempre Morgenstern se mantém tão radical, é por ter sido um homem dividido. Parte do seu processo mental estava ligada ao século XIX, a uma determinada estética da representação, que logo seria posta em causa, até por ele mesmo. A sua poesia é um lance de passagem de um universo para outro. A sua extrema riqueza imaginativa, que o fez conceber um mundo ficcional tão raro e tão cheio de curiosidades, justifica o esforço de retirar o poeta de um relativo esquecimento. Sua obra aponta para a contradição e o paradoxo como antídotos contra a ênfase e a grandiloquência, contra as convenções sistêmicas, inclusive as do próprio sistema poético. Ao afirmar a sua arbitrariedade, diz que ele pode ser alterado. Assim, o que parece extravagância justifica-se como método e ganha um sentido, com plena consciência dos seus limites.

Uma estrela a mais

Samuel Titan Jr.

À memória de meu pai

Este livro começou a tomar forma há vinte anos. Quando meu pai morreu, coube a mim decidir o que fazer da pequena biblioteca que ele viera acumulando em seu consultório. Não havia como mantê-los todos, mas alguns livros ficaram conosco, com a família imediata: manuais dos tempos de estudante de medicina, edições das obras de Freud, vários romances de Gide e do adorado Thomas Mann. Entre os livros que guardei comigo estava um volumezinho quase artesanal, que eu tomara emprestado e folheara sem atenção em algum momento da minha adolescência livresca: as *Canções da forca*, do poeta alemão Christian Morgenstern.[1]

Não sabia grande coisa a respeito do poeta, que me vinha muito vagamente à memória como uma figura curiosa, mas menor, das letras alemãs na virada do século XIX para o XX. Tampouco lembrava grande coisa dos poemas, de modo que me pus a reler o livro. Um pouco por devoção e, confesso, bisbilhotice filial, para tentar adivinhar o que meu pai vira ali; outro tanto por curiosidade literária, já que um dos tradutores era o poeta Sebastião Uchoa Leite. Mas também porque, tendo aprendido um pouco de alemão entre o primeiro e o segundo encontro com o autor, não fui insensível à sugestão poética contida em seu sobrenome: *Morgenstern* designa a nossa estrela-d'alva, a aparição de Vênus às primeiras horas da manhã.

Foi uma revelação. As traduções eram excelentes, e os poemas, insólitos e divertidos à primeira leitura, tinham o dom de persistir na memória graças a certa melodia muito sua, encantatória e irritante em doses iguais. Voltei uma e outra vez ao livrinho e li a introdução, "No planeta de Morgenstern". Nesse texto bem informado, Sebastião Uchoa Leite reproduzia trechos de traduções de Morgenstern por Haroldo de Campos e aludia a um ensaio "histórico" do poeta concretista sobre o confrade alemão. Procurei essas versões e esse ensaio, que por sua vez me levaram a outras traduções, agora de Roberto Schwarz, bem como a um artigo de Anatol Rosenfeld em que Morgenstern tinha lugar de relevo.

---

[1] Christian Morgenstern, *Canções da forca* (São Paulo: Roswitha Kempf, 1983), seleção e transposição poética de Montez Magno e Sebastião Uchoa Leite.

Uma tradução remetia a outra, um texto puxava outro. Quando dei por mim, um par de anos mais tarde, tinha em mãos um número razoável de belas versões para o português e de comentários críticos preciosos, assinados por alguns dos nomes mais vibrantes da cena literária no Brasil, num arco temporal que se estendia de 1957 a 1990. Quem diria: uma figura fugidia como a de Morgenstern, lida e discutida com razoável continuidade em latitudes tão diversas das suas! Vale lembrar que as relações entre a poesia germânica e a brasileira são tênues e intermitentes, sobretudo se comparadas ao *embarras de richesse* quando o assunto é o vaivém entre a França e o Brasil.[2] Nosso Romantismo leu a poesia lírica de Heine ou Lenau sobretudo em traduções francesas[3] — com raras exceções, como a do formidável Gonçalves Dias, que traduziu *A noiva de Messina*, de Schiller, e escolheu versos célebres de Goethe para a epígrafe de sua "Canção do exílio" (e diretamente em alemão: "*Kennst du das Land, wo die Zitronen blüh'n?*").[4] Quando passamos para a primeira metade do século XX, a situação não se altera dramaticamente. É bem verdade que Mário de Andrade, leitor de literatura e filosofia germânicas, encontrou a semente de seu *Macunaíma* na obra do etnógrafo Theodor Koch-Grünberg, lida no original, e que Manuel Bandeira fez traduções tão magistrais quanto esparsas de Hölderlin, Rilke e, tarde na vida, Brecht.[5] Permanece o fato: a poesia de ambos, como a de seus contemporâneos, se faz em diálogo com as tradições lusa, francesa, inglesa e italiana — não com a alemã.

2   Haroldo de Campos fazia observação semelhante na primeira seção de um ensaio de 1966, "Poesia de vanguarda brasileira e alemã", mais tarde recolhido em seu volume de ensaios *A arte no horizonte do provável* (São Paulo: Perspectiva, 1969).

3   No caso de Heine, pode-se formar uma ideia dessa primeira recepção brasileira — tantas vezes mediada pelas versões francesas de Gérard de Nerval — por meio da antologia organizada por Jamil Almansur Haddad: Heinrich Heine, *Livro das canções* (São Paulo: Livraria Exposição do Livro, s.d. [década de 1940]), relançada em 2008 pela editora Hemus, também de São Paulo.

4   Tive o prazer de trabalhar com meu colega Márcio Suzuki na reedição dessa versão de Gonçalves Dias: *A noiva de Messina* (São Paulo: Cosac Naify, 2004).

5   As traduções bandeirianas de Goethe, Hölderlin, Liliencron e Rilke estão recolhidas na seção final de *Estrela da vida inteira*. Quanto a Brecht, Bandeira traduziu *O círculo de giz caucasiano* em 1963, por encomenda do Teatro Brasileiro de Comédia, mas sua versão da peça só saiu em livro décadas mais tarde, com texto estabelecido por minha colega Christine Röhrig e por mim mesmo: *O círculo de giz caucasiano* (São Paulo: Cosac Naify, 2002).

A única exceção mais digna de nota é posterior e diz respeito à influência do Rilke tardio, o das *Elegias de Duíno* e dos *Sonetos a Orfeu*, sobre alguns poetas da assim chamada Geração de 45. Tudo isso tornava ainda mais singular o *corpus* de textos com que eu tinha topado. Nasceu então a ideia de compendiar a fortuna brasileira dessa estrela tão peculiar que é Morgenstern e tentar discernir algumas vertentes do interesse local por sua obra ao longo do tempo. O resultado é este *Jogo da forca*, que terá cumprido sua pauta se chegar a propiciar novos encontros entre o poeta alemão e o público brasileiro.

*

Mas, antes de tentarmos retraçar a recepção brasileira de Morgenstern, vale perguntar: de quem estamos falando?[6]

Christian Morgenstern nasceu em Munique, em 6 de maio de 1871, poucas semanas após a elevação de Otto von Bismarck a príncipe e chanceler do Império Alemão — por sua vez fundado em janeiro daquele mesmo ano, em pleno palácio de Versalhes, após a derrota de Napoleão III na Guerra Franco-Prussiana. Seus primeiros anos de vida coincidem, portanto, com os anos iniciais da Alemanha guilhermina[7] e seu peculiar contrato social entre aristocracia marcial e burguesia aspirante à hegemonia. As artes não escaparam a essa feição pronunciadamente *bürgerlich*, como se pode ver na própria família Morgenstern: os dois avós eram pintores de paisagem de razoável talento e êxito pecuniário, praticantes de um ofício honrado entre outros — e, de resto, continuado por Morgenstern pai, Carl Ernst, nascido em 1847. A mãe, Charlotte, faleceu jovem e tuberculosa em 1880, e sua morte marcaria em muitos sentidos a vida do filho. Já em 1881, o pai casava-se novamente, instalava-se na pequena Starnberg e decidia que seria melhor para o menino continuar sua educação em Hamburgo, aos cuidados do padrinho; o arranjo durou pouco, e em 1883 o jovem Morgenstern mudou-se novamente, agora para Breslau

---

6   Nos parágrafos seguintes, tomo pé na mais recente biografia do poeta, por Jochen Schimmang, *Christian Morgenstern. Eine Biografie* (Viena: Residenz Verlag, 2013).

7   Sagrado imperador em 1871, Wilhelm I reinou até 1888; o filho, Friedrich Wilhelm, reinou por meros três meses antes de sucumbir a um câncer, deixando o trono da Prússia e do Império para seu primogênito, Wilhelm II.

(a atual Wrocław, na Polônia), onde o pai assumira um posto docente. Datam dessa época suas primeiras tentativas literárias, que se perderam, bem como o encontro com Friedrich Kayssler e Fritz Beblo, amigos da vida inteira. Ao fim do liceu, Morgenstern começou estudos de economia em Breslau, que não chegou a concluir: em 1893, durante as férias de verão com Kayssler na Baviera, manifestaram-se os primeiros sintomas de uma tuberculose que o obrigou à primeira temporada de cura, em Bad Reinerz, e que mais tarde o forçaria a uma existência nômade e alpina. No mesmo ano, as relações com o pai, que por então se divorciava da segunda esposa, tornaram-se igualmente insanáveis. Diante da recusa paterna a seguir financiando seus estudos — e talvez dando-se conta, secretamente, de sua pouca inclinação por uma existência rotineira —, Morgenstern abandonou a universidade e em abril de 1894, pouco antes de completar 23 anos, rumou para Berlim.

Na capital imperial, o jovem Morgenstern iniciou-se na vida de *freier Schriftsteller*, expressão alemã de perfeita ambiguidade que designa tanto o escritor *livre*, sem mestre nem patrão, como o escritor sem emprego fixo nem salário, ou seja, *dependente* de trabalhos e encomendas inconstantes. Nosso autor cumpriria o figurino à risca nos anos berlinenses e, afinal, durante quase toda a vida: redigiu notas para um museu, prestou serviços para teatros e editoras, assinou artigos, resenhas e, é claro, traduções de autores estrangeiros. Nesta última atividade ganhou destaque (e ingressos minimamente estáveis por algum tempo) como tradutor das peças de Ibsen para a editora S. Fischer; no caso da editora Bruno Cassirer, fez parte do quadro de "leitores" externos, isto é, era um dos responsáveis por julgar ou editar manuscritos — coube a ele, por exemplo, redigir pareceres sobre originais do jovem Robert Walser.

Enquanto ganhava assim a vida, Morgenstern começava a publicar seus poemas em toda sorte de jornal e revista. Suas primeiras composições têm algum sabor tardo-romântico ou finissecular, que recorda o tom lírico de autores contemporâneos como Richard Dehmel, Detlev von Liliencron, Georg Borchardt, Stefan George ou Rilke. Essa aspiração a um lirismo depurado acompanhará Morgenstern por toda a vida, de livros como *Auf vielen Wegen* (*Por muitos caminhos*, 1897), *Ich und die Welt* (*Eu e o mundo*, 1898) ou *Melancholie* (*Melancolia*, 1906) até as últimas reuniões de poemas, que, como veremos, levarão a marca de suas experiências místicas e do encontro com a antroposofia de Rudolf Steiner. Há também, aqui e ali, uma tonalidade antiburguesa ou, mais precisamente, antifilistina, mais estética que política, e tributária da leitura de Schopenhauer e Nietzsche. Este último autor acompanhou Morgenstern ao longo da vida e forneceu, anos mais tarde, a epígrafe para as *Galgenlieder* (*Canções da forca*): "No homem autêntico há uma criança escondida que quer brincar". O gosto por Nietzsche também não é estranho a certo pendor do jovem Morgenstern à exaltação, à *Schwärmerei* um tanto ingênua, que se nota nos primeiros textos prosaicos ou poéticos, mas que também o levou, por vezes, a territórios mais turvos — como é o caso de sua admiração, felizmente passageira, pelo orientalista Paul de Lagarde, ideólogo prussiano de plumagem nacionalista e antissemita, mais tarde recuperado pelos nazistas.

Fosse qual fosse o tom, altaneiro ou merencório, dos poemas líricos, nada disso se fez em isolamento. Ao contrário, e apesar das frequentes temporadas em sanatórios nas montanhas ou à beira-mar, a década que passou gravitando em torno de Berlim foi para Morgenstern de intensa sociabilidade e contato com as muitas correntes que se cruzavam ali, do naturalismo triunfante ao expressionismo incipiente, passando pela poesia simbolista, pelo *Jugendstil* (o *Art nouveau* germânico) e pelas primeiras experiências de vanguarda, vindas sobretudo de Viena e Praga. Foi justamente nesse ambiente artístico e boêmio que começou a tomar forma a vertente da obra de Morgenstern que lhe garantiu posteridade duradoura, a saber, sua veia humorística e satírica, fabular e grotesca, presente já em seu primeiríssimo livro, ainda tateante e publicado em 1895 sob o título de *In Phanta's Schloß* (*No castelo de Phanta*), com o subtítulo explicativo "Um ciclo de poemas humorístico-fantásticos". Dois anos depois, em 1897, era a vez de *Horatius travestitus. Ein Studentenscherz*, uma "pilhéria estudantil" que talvez se torne mais compreensível se recordarmos que a "versão latina", a tradução de textos latinos para a língua vernácula, era um dos eixos e ordálios da escola europeia. O jovem poeta divertia-se com traduções de Horácio, o clássico dos clássicos, para um alemão digno de teatro de variedades, com alusões a Bismarck, à política e à vida contemporâneas; a "Lydia" latina transmutava-se em "Marie" germânica; e a célebre ode de III.30 (*"Exegi monumentum aere perennius"*) começava com um "Se os cidadãos [ou 'os burgueses'] me erguessem um monumento/de gesso ou de madeira" e assim por diante. E essa mesma atmosfera de *variété* subiria ao palco em 1901, na noite de inauguração do Überbrettl, cabaré literário em Berlim com o qual colaborava, entre outras figuras, o compositor Arnold Schönberg: no programa, uma paródia cênica de Alfredo d'Annunzio, seguida de uma pseudo-resenha do temido crítico teatral Alfred Kerr — ambas escritas por Morgenstern.[8]

O círculo mais próximo em que surgiam esses poemas consistia, na origem, em um grupo de jovens amigos com ambições artísticas. Além dos já mencionados Kayssler e Beblo, havia também Julius Hirschfeld, seu irmão Georg, Paul Körner, Franz Schäfer e Robert Wernicke. Reza a lenda que, em abril de 1895, o grupo fez uma excursão dominical a Werder an der Havel, cidadezinha não muito longe de Berlim, e passou o dia em uma taberna junto a uma colina de nome pouco convidativo, Galgenberg (literalmente, "Monte da Forca"). De volta a Berlim, tiveram a ideia de fundar uma confraria, os *Galgenbrüder*, que então passou a se reunir para noitadas em que, usando nomes de guerra, celebravam enforcamentos paródicos, ao som de cançonetas de humor patibular.[9] O autor das letras não era outro senão Morgenstern, *alias* Rabenaas, "Carniça de Corvo".

Ao longo dos anos, esses poemas foram ganhando corpo, autonomia e complexidade. Sem nunca se desligarem por inteiro do clima de brincadeira boêmia, foram cada vez mais mesclando ironia engenhosa

---

8   O efêmero Überbrettl foi fundado por Ernst von Wolzogen e contava com a colaboração de várias figuras literárias próximas de Morgenstern; Schönberg foi seu diretor musical e compôs oito canções, as *Brettl-Lieder*, para o palco berlinense. Sobre Morgenstern e Wolzogen, ver a biografia de Schimmang, páginas 92-97; sobre a noite de inauguração, ver David Chisholm, "Die Anfänge des literarischen Kabaretts in Berlin", in Sigrid Bauschinger (org.), *Die freche Muse. Literarisches und politisches Kabarett von 1901-1999* (Tübingen: Francke Verlag, 2000), p. 25. Vale lembrar que, em 1912, Schönberg incluiria uma brevíssima *Galgenlied*, uma "canção patibular", em seu *Pierrot lunaire* — mas a partir da tradução alemã por O. E. Hartleben de um poema de Albert Giraud. Duas décadas mais tarde, Schönberg encomendou a Hanns Eisler uma peça para acompanhar o *Pierrot lunaire* em um concerto: o jovem discípulo, que já compusera em 1917 uma série de seis *Galgenlieder* sobre textos de Morgenstern, recorreu novamente a nosso poeta para conceber seu *opus 5*, *Palmström* (1924), para voz, flautim, clarineta, violino e violoncelo. A fortuna musical das *Galgenlieder* é assunto para um estudo à parte: baste notar que tem início pouco depois da morte do poeta — com Eisler, Hindemith, Julius Röntgen, Paul Schramm, Paul Graener, entre outros — e persiste até os dias de hoje.

9   "Humor patibular" é expressão dicionarizada tanto em português como em alemão (*Galgenhumor*).

e reflexiva (*Witz*) ao que nascera como troça e pilhéria (*Ulk*, *Scherz*) por vezes crassa. Dez anos depois da excursão a Werder an der Havel, Morgenstern tinha um volume razoável dessas canções; insistia em considerá-las como uma "coisinha lateral" (*Beiwerkchen*) em relação a seus poemas líricos, mas acabou por reuni-las em um livro sob o título de *Galgenlieder* ou *Canções da forca*, publicado em 1905 pela editora Bruno Cassirer, estampando na capa um desenho de Karl Walser (irmão do escritor Robert). A recepção pela imprensa não foi inequívoca: houve quem elogiasse a liberdade de espírito conjugada à boa fatura dos versos, houve quem desdenhasse, por vezes com ferocidade, o que lhe parecia ser "tolice" (*Blödsinn*) ou paródia gasta e vazia.[10] O público, porém, foi mais unívoco: o livro chegou à segunda edição já em 1906, sem maiores alterações de conteúdo; em 1908, saía uma terceira edição, da qual Morgenstern excluiu alguns textos para incluir vários poemas novos, entre os quais "Der Gingganz" (traduzido no Brasil como "Andavatoda"). Em 1910, a mesma editora lançava *Palmström*, compilação cujo título entronizava o nome de um personagem que "nascera" no livro de 1905 e que agora figurava ao lado de um tal senhor Von Korf em diversas estrepolias metafísicas; a eles logo se juntaria uma personagem feminina, Palma Kunkel. A essa altura, começavam a sair na imprensa comentários mais detidos e certeiros: o poeta austríaco Richard von Schaukal viu em Palmström "um herói do nosso tempo", e Hermann Hesse notava como, nos poemas de Morgenstern, a linguagem torna-se "um demiurgo soberano", ao qual as coisas e criaturas devem afinal "se submeter".[11] Em 1914, ano da morte do poeta, um volume coligia a produção "patibular" sob o título de *Alle Galgenlieder* (literalmente, *Todas as canções da forca*), sinal de um êxito comercial

---

10 Uma coisa é certa: Mikhail Bakhtin teria sorrido satisfeito ao ler a resenha entusiástica que Julius Bab dedicou ao livro na edição de 20 de março de 1905 do jornal *Welt am Montag*, sob o título de "Karnevals-Nachklänge": as *Galgenlieder* seriam "um livro carnavalesco", repleto de um "riso triunfante".

11 A resenha de Von Schaukal saiu em *Die Gegenwart*, 3 de setembro de 1910; a de Hesse, no número 9 de *Die neue Rundschau* (1910); ambas são parcialmente citadas na antologia da recepção contemporânea das *Galgenlieder* ao final da edição de referência: Christian Morgenstern, *Werke und Briefe III: Humoristische Lyrik*, volume aos cuidados de Maurice Cureau (Stuttgart: Urachhaus, 1990); as passagens que nos interessam aqui encontram-se às páginas 921 e 922, respectivamente.

A ilustração de Karl Walser para a capa da primeira edição das *Galgenlieder* (Berlim: Bruno Cassirer, 1905) sublinha o pendor patibular e grotesco dos poemas de Morgenstern. O contraste com o aspecto contemporâneo do antigo Monte da Forca (Galgenberg) em Werder an der Havel, suposto lugar de fundação da "Irmandade da Forca", não podia ser maior: um cartão-postal do fim do século XIX mostra que o lugar, rebatizado Mirante de Bismarck (Bismarckhöhe), apostava no idílio para atrair a clientela berlinense.

que seguiria adiante: ao final da década de 1920, as *Canções* chegavam a cem mil exemplares vendidos.[12]

Na raiz das *Canções da forca*, e isso tanto nos primeiros momentos gregários e brincalhões como na perplexidade metafísica de poemas posteriores, está a liberdade de movimentos que o humor inspirou ao poeta. A escrita paródica e humorística permitiu a Morgenstern tomar distância das dicções imperantes na literatura alemã da virada do século: uma vez liberta, a tal "criança que quer brincar" não se deixava contentar com pouco e lançava-se ao desmantelamento do universo adulto e sério, fosse ele burguês ou guilhermino, literário ou filosófico, começando por sua solda mais essencial — a linguagem. Sem pedir permissão nem fazer vênia, Morgenstern faz desfilar diante do leitor uma composição puramente fonética como "Das große Lalulā" ("O grande Lalulā", transcrita mais abaixo, à página 137), que convida à decifração ao mesmo tempo que a frustra; poemas visuais como "Die Trichter" ("Os funis") ou, mais radical ainda, "Fisches Nachtgesang" ("Noturno do peixe"); personagens que são quem são apenas "por amor à rima", como em "Die ästhetische Wiesel" ("A doninha estética"), ou "por causa da rima", como em "Das böhmische Dorf" ("Korf na aldeia de Dorf", aldeia esta que deve sua existência a uma expressão coloquial, *Das ist mir ein böhmisches Dorf*, literalmente "Isso para mim é uma aldeia na Boêmia", que significa algo como "Isso para mim é grego"); bezerros lunares, uma cadeira de balanço melancólica, os terríveis saltimbancos Golch e Flubis; placas, canetas e cercas que incitam à reflexão sobre o sentido e o vazio; e assim por diante. Há, em especial, os poemas protagonizados por Palmström e Von Korf — cujo traço distintivo, sendo este último uma criatura constituída integralmente de linguagem, reside em não existir, como o interessado informa à polícia em "Die Behörde" ou "A repartição". Despidos de consistência física, social ou psicológica, livres do tratamento que lhes caberia às mãos de um romancista ou dramaturgo da época, Palmström e Von Korf dedicam-se a uma sequência de reflexões, experimentos e invenções paradoxais — piadas ou óculos de novo tipo, relógios contraditórios, lâmpadas que difundem escuridão —, deixando em suspenso todas as noções que, de hábito, organizam a vida cotidiana do bom cidadão.

---

12   Após a morte de Morgenstern, as sucessivas edições das *Galgenlieder* foram recolhendo poemas inéditos ou dispersos, chegando a um *corpus* que ultrapassa as duzentas páginas.

Nessa sua indagação infinita, como bem lembrou o crítico Joachim Kalka, Palmström e Von Korf são perfeitamente comparáveis a uma das figuras centrais da literatura francesa da época, o vertiginoso Monsieur Teste do também poeta Paul Valéry;[13] igualmente vertiginosas eram as ideias do filósofo Fritz Mauthner, cujas *Contribuições a uma crítica da linguagem* Morgenstern começou a ler em 1906, colhendo ali novos estímulos para suas próprias intuições sobre a linguagem como "prisão" a nos impedir, trágica e comicamente, todo contato com o mundo.[14] Mas, ao contrário do estilo rarefeito de Valéry ou da escrita tortuosa de Mauthner nas *Contribuições* e em seu *Dicionário de filosofia*, os poemas de Morgenstern insinuavam-se aos leitores com seus personagens de fábula, seu tom ora ingênuo, ora proverbial, sua graça melódica tantas vezes *cantabile*; lobos em pele de cordeiro, só surtiam todo seu efeito "muitas horas passadas", à maneira das piadas inventadas por Von Korf, deixando seus leitores diante de aporias.

Esse caráter de jogo infinito das *Galgenlieder* talvez se deixe entrever exemplarmente a propósito de um de seus exemplos mais famosos, o já citado "Noturno do peixe", reproduzido neste *Jogo da forca* e constituído exclusivamente — à exceção do título — pelos sinais diacrí-

---

13   Joachim Kalka, "Der Rabe auf dem Meilenstein", no número de 13 de setembro de 2000 da *Frankfurter Allgemeine Zeitung*; a comparação torna-se ainda mais interessante quando se recorda que os primeiros textos de Valéry protagonizados por Monsieur Teste datam de 1895, mesmo ano em que se fundou a Confraria da Forca; e, falando em literatura francesa, eu me permitiria ainda incluir na parentela de Palmström e Von Korf os protagonistas do *Bouvard et Pécuchet* que Flaubert deixou inacabado ao falecer em 1880.

14   Morgenstern dedica a Mauthner um poema de 1906, "Toilettenkünste", recolhido em 1919 no volume *Der Gingganz*. O primeiro a aproximar Morgenstern e Mauthner foi o grande Leo Spitzer, meros quatro anos depois da morte do poeta, em seu ensaio "Die groteske Gestaltungs- und Sprachkunst Christian Morgensterns", publicado no livro a quatro mãos de Spitzer e Hans Sperber, *Motiv und Wort* (Leipzig: Reisland, 1918); vejam-se em particular as páginas 59 e 108-119. Há também diversas observações a respeito na "biografia intelectual" que Jacques Le Rider consagrou a *Fritz Mauthner. Scepticisme, linguistique et modernité* (Paris: Bartillat, 2012); para Le Rider (à página 344), o poeta teria encontrado uma espécie de "confirmação" na leitura de *Contribuições à crítica da linguagem*; na sequência, porém, o biógrafo de Mauthner vai pontuando o crescente distanciamento de Morgenstern, à medida que este envereda pela mística e pela antroposofia.

Fisches Nachtgesang

Fish's Night Song

Poema puramente visual — se excetuarmos o título, o que não é pouco —,
"Noturno do peixe" pareceria dispensar toda tradução. Ocorre que, uma vez
posto em movimento, o jogo morgensterniano não se deixa deter facilmente.
O tradutor norte-americano Max Knight (nascido Max Kühnel em 1909,
no seio de uma família judia na então Pilsen, no então Império Austro-Húngaro),
por exemplo, não se fez de rogado e propôs uma versão em sua brilhante antologia,
Christian Morgenstern's Galgenlieder (Berkeley/Los Angeles: University
of California Press, 1962). Na outra margem do Rio Grande, o guatemalteco
Augusto Monterroso atribuiu ao letrado Eduardo Torres, protagonista de
Lo demás es silencio (Cidade do México: Joaquín Mortiz, 1978), um ensaio
sobre "Traductores y traidores". Nele se propõem, uma à esquerda, outra à direita,
"como o bom e o mau ladrão da lenda, as versões literal e espiritual" do poema
de Morgenstern.

La serenata del pez   *Nocturno en la pecera*

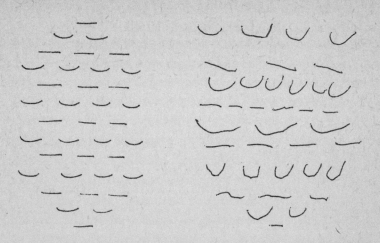

Ahora bien, y para finalizar, ¿con cuál de las dos se queda el buen o el mal lector, que también los hay? Es indudable que con la que mejor le parezca; o con ninguna, si ejerce a su sabor la libertad que se desprende de todo arte por esencia no sujeto a pasiones, reglas, o presiones internas.

ticos latinos para vogais longas e breves. De que se trata? De uma nova "pilhéria estudantil" à maneira de *Horatius travestitus*, imediatamente compreensível e divertida para quem, como muito leitor de então, passara longas horas da adolescência entediando-se com o latim escolar? De uma paródia da tradição do poema ao cair da noite, que vinha de Goethe e seu "Wandrers Nachtlied" ("Noturno do andarilho") e atravessara todo o século XIX romântico?[15] Ou ainda de uma antecipação genial das possibilidades da poesia visual que muitas vanguardas artísticas (também no Brasil) explorariam?[16] O fato é que um comentário lacônico e sibilino de Morgenstern (o "Noturno" seria "o poema mais profundo"[17] da literatura alemã) não faz senão redobrar a ambiguidade: declaração digna de fé ou nova piada piscatória?

Uma gama tão extensa de possibilidades de leitura talvez explique as sete vidas de um autor que foi invocado e recitado nos contextos mais diversos, dos saraus da burguesia letrada do começo do século XX às trincheiras da Primeira Guerra Mundial,[18] das antologias ilustradas para os leitores mais jovens ao alegre pandemônio dadaísta do Cabaret Voltaire, em 1916, data a partir da qual um poema como "O grande Lalulã" passou a figurar junto aos experimentos de poesia fônica de Hugo Ball,

15   A sugestão fascinante é de Hans Magnus Enzensberger em seu artigo "Keine Silbe zuviel. Über *Fisches Nachtgesang*", publicado originalmente na *Frankfurter Allgemeine Zeitung* de 12 de junho de 1976 e recolhido em *Über Literatur* (Frankfurt: Suhrkamp, 2009), páginas 553-554; para o poeta falecido há pouco, em 2022, Morgenstern teria dado o golpe de misericórdia na tradição romântica com a elegância de um clássico lapidar e sucinto — sucinto a ponto de dispensar palavras... O artigo termina com uma *boutade* deliciosa: "De resto, este é o único poema que sei de cor".

16   No mesmo artigo, o autor provoca: em contraste com a "gesticulação" (que a Enzensberger parece "aborrecida" e "pretensiosa") das vanguardas, Morgenstern teria praticado a "subversão" poética de maneira "discreta, quase inaudível", sem contudo perder nada em "radicalidade".

17   Cito a partir da página 133 do livro de Schimmang.

18   Schimmang vai além do já consabido e, à página 231, afirma (sem citar fontes) que Morgenstern teria sido leitura corrente no esquadrão comandado por Manfred von Richthofen, o célebre "Barão Vermelho". Imagino que tenha em mente o volume de versões paródicas dos poemas de Morgenstern, publicado durante a I Guerra Mundial sob o título de *Palmström als Flieger* (Berlim: Braunbeck, 1917), por iniciativa do piloto de caça Hellmuth von Zastrow. O livro teria uma segunda edição ampliada em 1942, já no curso da II Guerra Mundial.

Raoul Hausmann e Kurt Schwitters, sem por isso deixar de surgir nos programas de teatro infantil na Alemanha — o próprio Morgenstern associou o poema ao "prazer" infantil de brincar com sons e inventar línguas, um prazer "que o adulto esquece, como esquece tanta coisa".[19]

Essa mesma pendulação do sentido nos poemas patibulares de Morgenstern, que faz pensar no sorriso do Gato de Cheshire pairando sozinho no ar, pode também nos inspirar uma saudável desconfiança diante de tentativas de distinguir lapidarmente a face celebrada como moderna, grotesca e crítica de sua obra, de um lado, e a face tida por tradicional, lírica e mística, de outro. Não só os poemas, a própria biografia do poeta aponta para outro caminho, mais tortuoso. Pois 1905 não é apenas a data da primeira edição das *Galgenlieder*. No fim desse mesmo ano, a tuberculose se fez sentir sem mercê, e Morgenstern teve de deixar Berlim para se internar no sanatório de Birkenwerder, um pouco ao norte da capital; era o começo de uma vida cada vez mais restrita aos Alpes suíços e tiroleses, em condições que agora fazem pensar não na *Alice* de Lewis Carroll, e sim n'*A montanha mágica* de Thomas Mann. Em algum momento do começo de 1906, sozinho em Birkenwerder, Morgenstern passou por uma experiência mística de união com Deus, no curso da qual sua própria "existência separada" (*Sonderwesen*) fundiu-se a uma natureza agora "espiritualizada".[20] Essa experiência marcaria a fundo os poucos anos que lhe restavam: como talvez fosse de se esperar, Morgenstern buscou fixar os contornos do que vivera, lançando-se a uma nova onda lírica, de acentos contemplativos, ao mesmo tempo que escrevia diversos textos em prosa, autobiográficos ou especulativos. Ocorre, porém, que essa nova ordem de preocupações, longe de afastá-lo de sua veia cômica e grotesca, parece ter surtido o efeito oposto. Os anos entre 1906 e 1910 (quando saiu *Palmström*) estiveram não entre os mais parcos, e sim entre os mais férteis para as canções patibulares, tanto em quantidade como em teor, como se as reinações de Palmström e Von Korf afinal de contas se alimentassem junto à fonte mística, como

---

19   Leia-se o esboço de carta a uma destinatária desconhecida, redigido em setembro ou outubro de 1911, reproduzido pela primeira vez às páginas 107-108 do ensaio de Spitzer e recolhido nas páginas 896-897 da edição crítica das obras de Morgenstern, citada mais acima.

20   Essa experiência mística é o tema do capítulo "1906" da biografia de Schimmang, a partir da qual cito alguns dos muitos textos autobiográficos em que Morgenstern exprimiu-se a respeito.

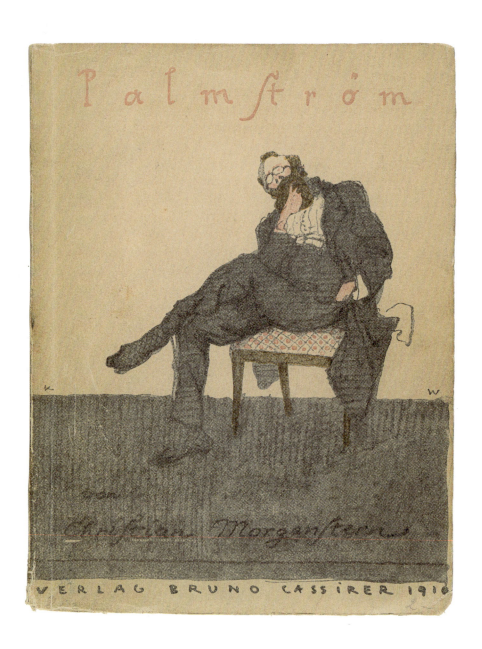

Em sua correspondência, Morgenstern expressou reservas quanto à capa de *Palmström*, como se o retrato concebido por Karl Walser lhe parecesse demasiado nítido e delineado, em se tratando de um personagem fugidio e paradoxal — e, ademais, companheiro de aventuras do Von Korf, cuja característica essencial consiste em não existir... Fosse como fosse, o mal estava feito, e a silhueta de Palmström reapareceria pouco depois tanto na capa de *Palmström singt* ou *Palmström canta* (Berlim: Bruno Cassirer, 1917), série de canções compostas por Paul Graener, como na capa de *Palmström als Flieger* ou *Palmström piloto*, conjunto de paródias de poemas de Morgenstern escritas por Hellmuth von Zastrow, piloto de caça alemão, publicadas em 1917 pela editora Braunbeck — e, fato sintomático, impressas nas gráficas da Idflieg ou Inspektion der Fliegertruppen, o departamento que supervisionava a aviação militar do Império Alemão.

se a experiência vivida em Birkenwerder tivesse tornado ainda mais patético, aos olhos de Morgenstern, o aprisionamento da espécie humana pelos grilhões da linguagem e da cultura. Com efeito, em uma anotação solta de 1907, publicada postumamente no livro *Tagebuch eines Mystikers* (*Diário de um místico*), o poeta afirmava que as culturas humanas não eram mais que "máscaras *grotescas* de Deus. A forma da aparição material de Deus é necessariamente *grotesca*".[21] Podemos pensar o que bem quisermos da produção lírica e mística de Morgenstern, mas vale a pena termos bem presente que as duas vertentes de sua obra não são estranhas uma à outra.

O último Morgenstern, de resto, não é isento de alguma responsabilidade quanto à divisão de sua obra em duas supostas metades. Em seus anos finais, vagando de sanatório em sanatório, dialogando com os amigos por via epistolar, cada vez mais abatido pela doença, ele parece ter buscado algum alívio no retorno àquela mesma *Schwärmerei* que notáramos em sua juventude. Exaltação amorosa, em primeiro lugar, a partir do encontro em 1908 com Margareta von Gosebruch (1879-1968), sua futura esposa, enfermeira e editora póstuma; exaltação metafísica, em segundo lugar, pois Margareta, frequentadora assídua das conferências de Rudolf Steiner, logo atraiu Morgenstern para o séquito antroposófico. No âmbito de uma relação que, sendo marital, era também fortemente platônica (por força do agravamento catastrófico do estado de saúde do poeta), a confluência de experiências místicas, afetos intensos e cercania da morte terá pesado no fervor iluminado do derradeiro Morgenstern e no tom sentencioso de suas últimas manifestações, muito distantes do riso corrosivo das *Galgenlieder* — um tom ao qual sua jovem e devotada viúva trataria de conferir dignidade solene nos livros de aforismos e catequese que foi editando a partir dos manuscritos deixados pelo marido.

Consumido pela tuberculose, Christian Morgenstern faleceu em 31 de março de 1914 na cidadezinha tirolesa de Obermais, então austro-húngara, hoje italiana. Parecia muito mais velho que seus 43 anos incompletos. Poucos meses depois, em agosto de 1914, começava a Primeira Guerra Mundial, que levaria consigo aquele mesmo Império Alemão nascido, como nosso poeta, em 1871.

21 Cito segundo Schimmang, *Christian Morgenstern*, página 159; os grifos são meus.

*

Feitas as apresentações, podemos retornar ao Brasil.

Durante duas décadas, a contar do começo dos anos 30, o nome de Morgenstern rebrilhou aqui e acolá na imprensa brasileira, misturado a bom número de homônimos que a imigração alemã e judaica trazia para cá. A primeira menção mais nutrida encontra-se em um canto de página do *Diário de Notícias*, em uma nota publicada em 1931 a propósito de uma "exposição de artistas germânicos residentes no Brasil", aberta na Escola Nacional de Belas Artes. O autor da nota, "W. B.", elogiava uma série de imagens sobre o ciclo folclórico brasileiro do jabuti, obra de um artista alemão radicado na capital, Hans Reyersbach, mas impressionava-se em especial com "uma ilustração para um poema de Palmström", notando-lhe o "bizarro da concepção". Era a deixa para que tomasse a palavra a senhora Ignez Teltscher, também ela de origem alemã, com quem o jornalista visitava a mostra e que então lhe explicava: "Palmström é como que um filho espiritual de Christian Morgenstern. Quer ouvir um dos seus poemas?". Segue-se, no corpo mesmo do artigo, a tradução improvisada de um poema, "Palmström steht an einem Teiche":

Palmström de pé, à beira de um açude,
Desdobra um lenço grande e rubro.
Nele vêm-se estampados
Um carvalho e um homem com um livro.

Palmström não ousa assoar-se.
Ele pertence à casta de esquisitões
Que subitamente e sem intermediários
Se deixam prender pela beleza.

Carinhosamente ele dobra
O lenço que acabou de desdobrar.
E nenhum sentimental irá condená-lo
Por haver saído sem assoar-se.

A sequência da nota evoca mais algumas das criaturas de Morgenstern: "o Camundongo da meia-noite, a Família dos treze filhos, as Gaivotas, o Bezerro da lua, e outras bizarrices".[22] A primeira tradução brasileira de uma das *Galgenlieder* teria sido feita, ao que parece, de memória e de improviso, diante de uma ilustração para um poema protagonizado por Palmström. Improviso? Sim e não, pois pode-se suspeitar que "a senhora Ignez Teltscher" não estivesse ali por acaso. Filha de pai alemão e mãe brasileira, essa *femme de lettres*, particularmente ativa na década de 1930, ainda está à espera de um perfil biográfico mais nítido. Vivendo entre Resende e o Rio de Janeiro, frequentava círculos artísticos na capital federal e correspondia-se em português e alemão com Mário de Andrade, que lhe dedicou um artigo simpático.[23] A certa altura, quis traduzir os poemas do *Clã do Jabuti*, tarefa que não parece ter concluído; concebeu ainda a ideia de uma antologia da literatura brasileira moderna em tradução, que resultou no volume *Von der brasilianischen Seele* (ou *Da alma brasileira*), publicado em 1938.[24]

Ora, a senhora Teltscher era boa amiga do tal artista alemão, Hans Reyersbach, que ela tratava de apresentar a gente do meio intelectual, provavelmente para lhe conseguir trabalhos de ordem criativa — pois Reyersbach ganhava a vida como representante comercial. Desse ponto de vista, a nota do *Diário de Notícias* tem alguma coisa de "jogada ensaiada" a fim de atrair atenção para o colega. Reyersbach, por sua vez, parece ter chegado a dominar bem o português: apresentado por Teltscher a Mário de Andrade, coube a ele trazer de São Paulo um exemplar de *Macunaíma*, que entregou à amiga declarando tratar-se de "uma coisa extraordinária".[25] Entre os três, foi se armando uma troca de ideias e de livros que terá inspirado dois projetos a Teltscher. Em primeiro lugar, uma edição do *Clã do Jabuti* ilustrada por Reyersbach: são esses, mais do que provavelmente, os desenhos vistos por "W.B." na Escola Nacional de Belas Artes; desconheço o paradeiro dos originais, mas um conjunto de pequenas reproduções fotográficas está entre os papéis de Mário de Andrade no Instituto de Estudos Brasileiros da USP.

22   W.B., "Bric-à-brac", *Diário de Notícias*, 30 de maio de 1931.

23   Mário de Andrade, "Ignez Teltscher", *Diário Nacional*, 21 de fevereiro de 1932, recolhido em *Táxi e crônicas do Diário Nacional*, org. de T.A. Lopez (São Paulo: Duas Cidades/Secretaria de Cultura, 1976). As cartas de Teltscher ao poeta paulistano encontram-se no Instituto de Estudos Brasileiros da USP.

24   Ignez Teltscher, *Von der brasilianischen Seele* (Rio de Janeiro: Typ. Germania — Franz Timon, 1938).

25   Ignez Teltscher a Mário de Andrade, 1 de novembro de 1931.

O segundo projeto é o que nos interessa mais de perto aqui. Em 1923, um ano antes de emigrar para o Brasil, Reyersbach publicara em sua cidade natal um álbum com doze litografias inspiradas em Morgenstern. Em 1931, no Rio de Janeiro, presenteou um exemplar do livro à incansável Teltscher, que não tardou a enviá-lo para Mário, junto com a sugestão de uma antologia brasileira, presumivelmente ilustrada com as gravuras do amigo de Hamburgo.[26] De início, pensou que valia a pena tentar convencer Manuel Bandeira a fazer a tradução;[27] meses depois, tentou a sorte com o próprio Mário: "no Brasil, talvez só o senhor seja capaz de traduzir" os poemas de Morgenstern.[28]

Em vão: nenhum dos poetas entusiasmou-se com a ideia. A primeira aparição de Morgenstern terminou por ser uma largada em falso, pelo menos em termos editoriais.[29] É possível, porém, que Teltscher e Reyersbach estejam por trás de outra aparição efêmera do nome do poeta, pouco mais de um ano depois da exposição na Escola Nacional de Belas Artes: em 12 de junho de 1932, o *Jornal do Commercio* dava notícia da realização de um "Cabaré artístico literário", um sarau inspirado no poema "A lâmpada misteriosa (*Die Tagnachtlampe*)", organizado pela associação cultural Pro Arte, ativa no Rio de Janeiro e da qual Reyersbach era membro: "Num pequeno e elegante palco vão surgindo os quadros que o público aplaude com calor. O ambiente, de cabaré luxuoso e familiar, é da maior animação". Não é difícil imaginar que Reyersbach tenha contribuído com desenhos para o cenário ou para os figurinos, no mesmo espírito (ainda que certamente em menor escala) do que outro artista imigrado, Lasar Segall, faria em 1934 para um baile de carnaval da Sociedade Pró-Arte Moderna de São Paulo.[30]

---

26   Hans Reyersbach, *Zwölf Lithographien zu Christian Morgensterns Grotesken* (Hamburgo: Kurt Enoch Verlag, 1923); o exemplar enviado por Ignez Teltscher a Mário de Andrade, com uma dedicatória de Reyersbach a "Dona Néné, ilustre tradutora", encontra-se no Instituto de Estudos Brasileiros da USP.

27   Ignez Teltscher a Mário de Andrade, 23 de setembro de 1931.

28   Ignez Teltscher a Mário de Andrade, 21 de maio de 1932.

29   O mesmo parece ter acontecido na Argentina: exceção feita a Xul Solar, que já em 1927 publicava no número 41 de *Martín Fierro* uma tradução *neocriolla* de aforismos tirados de *Stufen*, sob o título de "Algunos piensos cortos de Cristian Morgenstern", não encontrei traço de outras menções ou traduções nas décadas seguintes.

30   A vida posterior de Hans Reyersbach (1898-1977) não é despida de interesse

Nas duas décadas e meia seguintes, o nome de Morgenstern continuou a aparecer de modo esporádico e lateral. Assim, em 1937, o filósofo Euryalo Cannabrava mencionava Morgenstern junto a Rilke e Stefan George ao resenhar um livro recém-publicado na Alemanha;[31] na década seguinte, o paraense Iberê Lemos, que estudara em Berlim no começo da década de 1920, compôs uma canção coral, "Ergo-te o meu coração", inspirada em poema de Morgenstern traduzido pelo próprio compositor;[32] e o Teatro Serrador anunciava um *Festprogramm* para o dia 20 de dezembro de 1948, misturando canções líricas (Schubert, Strauss) e leituras de poemas (Heine, Rilke, Morgenstern) — "no original", ressaltava o pequeno anúncio publicado um dia antes.[33] Três anos mais tarde, Olga Obry assinou uma bela resenha de um espetáculo do grupo coral francês Les Frères Jacques no Rio de Janeiro e, falando do saboroso *nonsense* de "palavras intencionalmente despojadas

---

próprio. Em 1935, ainda no Brasil, casou-se com uma imigrante judia-alemã, Margret Rey (1906-1996), com quem se mudou pouco depois para Paris; em 1940, fugindo da invasão nazista da França, o casal instalou-se em Nova York e deu início à publicação de uma série de livros infantis protagonizado por um macaquinho chamado Curious George. Ao todo, foram sete títulos, dos quais se venderam mais de 12 milhões de exemplares em inglês. Ver Wilfried Weinke, verbete "H.A. Rey[ersbach]", in F. Kopitzsch e D. Brietzke (orgs.), *Hamburgische Biografie* (Göttingen: Wallstein Verlag, 2012), volume VI, páginas 264-265. Cinquenta anos após a primeira edição em Hamburgo, Reyersbach republicou suas litografias em uma edição norte-americana de poemas de Morgenstern voltada para o público jovem, *The Daynight Lamp and Other Poems* (Boston: Houghton Mifflin, 1973).

31   Euryalo Cannabrava, resenha de Johannes Hessen, *Die Geistesströmungen der Gegenwart* (ou *As correntes espirituais do presente*) na coluna "Letras estrangeiras", *O Jornal*, 7 de novembro de 1937.

32   O poema alemão é "Ich hebe Dir mein Herz empor", publicado originalmente no volume *Wir fanden einen Pfad*, de 1914. A partitura, lançada no Rio de Janeiro pela Editora Musical Brasileira, reúne, sob o título *Dois corais místicos*, duas peças: "Ergo-te o meu coração", seguido de "Poema do teu olhar", baseado em poema de Sylvio Moreaux. Não há nenhuma indicação de data, mas uma dedicatória de Lemos a Camargo Guarnieri em 29 de agosto de 1944 permite uma aproximação razoável. Esse exemplar está conservado no arquivo Mário de Andrade do Instituto de Estudos Brasileiros da USP. Sobre o compositor, há um perfil assinado por Mauro C. C. Santos e Adriana G. Kayama, "Arthur Iberê de Lemos: compositor esquecido", na revista *Modus*, 10.16 (2015).

33   *Diário da Manhã* (RJ), 19 de dezembro de 1948; no palco, Dora Komar, Carola Toelle e Francisco Mignone (imagina-se que ao piano).

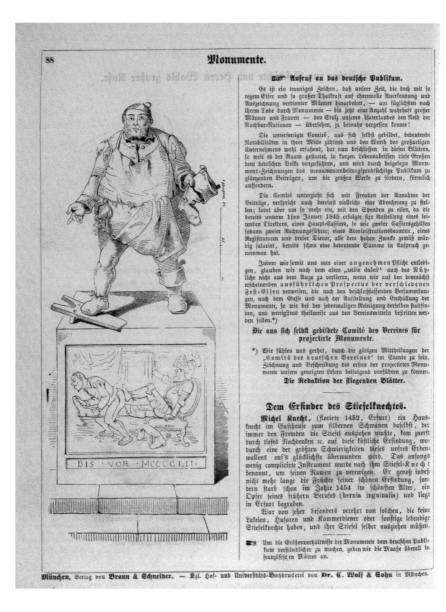

Na litografia que concebeu para ilustrar o poema "Der Gingganz" (ou "Andavatoda", na tradução de Montez Magno), publicada em seu livro *Zwölf Lithographien zu Christian Morgensterns Grotesken* (Hamburgo: Kurt Enoch Verlag, 1923), Hans Reyersbach conferiu vida autônoma aos dois elementos constituintes da palavra *Stiefelknecht* (o tira-botas, a descalçadeira de botas). Como no poema, aqui também andam lado a lado uma bota (*Stiefel*) e um servo ou criado (*Knecht*). De resto, a piada estava no ar antes de Morgenstern, e a engenhoca volta e meia dava o ar de sua graça no semanário humorístico *Fliegende Blätter*, como quando, no número 11 (1845), Carl Spitzweg imaginou um monumento em homenagem a seu suposto inventor, o criado de estalagem Michel Knecht.

do peso da lógica convencional", evocava as figuras de Prévert e Morgenstern — mais precisamente, o poema deste último em que um joelho "passeia sozinho, sem nada mais, pelo mundo afora".[34] Em 1955, por sua vez, Paulo Mendes Campos publicou em *Manchete* uma deliciosa sequência de textos dedicados a outro compositor paraense, o inclassificável Jaime Ovalle; no terceiro deles, o cronista e poeta mineiro fazia *impromptu* a seguinte declaração: "o poeta alemão Morgenstern é em seus poemas um dos mais puros ovalianos que existem".[35] Por fim, numa entrevista para a *Revista da Semana* um ano depois, a desenhista e caricaturista Hilde Weber, de família alemã, elencava Morgenstern entre seus poetas favoritos.[36]

Como se vê, estamos falando de menções brevíssimas, devidas o mais das vezes a leitoras e leitores que, por uma razão ou outra, tinham acesso aos textos em alemão — e que citavam sobretudo os poemas humorísticos e grotescos como quem revisitava um autor familiar, mais do que um poeta místico ou um nome de vanguarda. Contudo, nessa mesma virada da década de 1940 para a de 1950, a fortuna brasileira de Morgenstern começava discretamente a entrar em nova fase, à medida que poetas e críticos incorporavam sua obra — ou parte dela — à criação e à discussão locais. É sintomático, nesse sentido, que o poeta Joaquim Cardozo cite Morgenstern no corpo de um poema seu, *Prelúdio e elegia de uma despedida*, de 1952.[37] Numa série de versos que perseguem uma definição da noite, esta é comparada à "lâmpada de Korf, suspensa dos abismos". Cardozo aludia àquele aparato paradoxal do poema "Die Tagnachtlampe", àquela mesma lâmpada capaz de difundir escuridão que já estivera no "Cabaré artístico literário" de 1932, mas que agora comparece num poema de sabor rilkeano, despido de todo humor ligeiro. E parece ter sido também pelo viés de Rilke, tão caro à Geração de 45, que o poeta João Accioli aproximou-se de Morgenstern,

---

34   "A pantomima sonora dos irmãos Jacques", *O Jornal* (RJ), 9 de setembro de 1951; o poema em questão é "Das Knie" ou "O joelho", mais tarde traduzido por Sebastião Uchoa Leite.

35   Paulo Mendes Campos, "Ovaliana III", em sua coluna "Conversa Literária", *Manchete*, 29 de outubro de 1955.

36   Hilde Weber em entrevista a Silvio Castro, na seção "Ping-pong" da *Revista da Semana* (RJ), 19 de maio de 1956.

37   Joaquim Cardozo, *Prelúdio e elegia de uma despedida* (Niterói: Hipocampo, 1952); o trecho é comentado num texto de Fausto Cunha, "Exercício de admiração", que integra a edição de *Módulo* (número 26, 1961) em homenagem a Cardozo.

traduzindo dois de seus poemas de gosto tardo-romântico e à beira do místico, "Floresta em sonho" e "Quadro de saudade", e os incluiu em sua antologia de *Poemas alemães*, de 1954.[38]

Nem todos, porém, embarcavam nessa associação entre Morgenstern e Rilke, como se depreende de um pequeno e saboroso episódio. Durante uma temporada de cura em Campos do Jordão, no começo da década de 1950, o jovem Alberto da Costa e Silva travou amizade com um companheiro de pensão, o médico judeu-alemão Rolf Waldemar Wreszinski, que lhe apresentou autores e livros até então desconhecidos. A certa altura, o rapaz mencionou Rilke, "que eu tanto admirava", ao que o doutor ripostou: "É nefelibata demais para mim [...]. Entre os modernos, prefiro Christian Morgenstern".[39]

*

Mais para o final da década, a vinculação a Rilke foi cedendo lugar a outros usos e leituras de Morgenstern. O mesmo Cardozo que o citara em seu poema de 1952 tornou ao poeta alemão em chave bem diversa, num artigo sobre "O poema visual ou de livre leitura". O texto saiu em *Para Todos* no número de março e abril de 1957 — ou seja, na esteira da Exposição Nacional de Arte Concreta, inaugurada em São Paulo no ano anterior e remontada no Ministério da Educação, no Rio de Janeiro, em janeiro e fevereiro de 1957. O que motivava as reflexões de Cardozo era precisamente uma das ambições centrais da poesia concreta, a saber, a

---

38   "Floresta em sonho" ("Traumwald") saiu em *Letras e Artes*, suplemento do jornal *A Manhã*, em 15 de março de 1953, ao lado de uma bela xilogravura de Santa Rosa; não fui capaz de localizar "Quadro de saudade" ("Bild aus Sehnsucht") nos jornais da época. As duas traduções foram reproduzidas na antologia de traduções de Accioli, publicada pela editora Martins, de São Paulo, em 1954, e depois tanto na antologia organizada por Geir Campos, *Poesia alemã* (Rio de Janeiro: Ministério da Educação e Cultura, 1960), como em *O Jornal* (Rio de Janeiro), edição especial de março de 1966. Escolhi não reproduzir neste volume as traduções de Accioli, bastante pedestres, subscrevendo a opinião de Anatol Rosenfeld a respeito em seu artigo "Poemas brasileiros em versão alemã e vice-versa", recolhido em *Doze estudos* (São Paulo: Conselho Estadual de Cultura, 1959). Os dois poemas de Morgenstern vertidos por Accioli provêm do livro *Melancholie. Neue Gedichte* (Berlim: Bruno Cassirer, 1906).

39   "Nunca tinha ouvido falar nesse poeta alemão", arremata o autor de *Invenção do desenho. Ficções da memória* (Rio de Janeiro: Nova Fronteira, 2011), p. 85.

transgressão das fronteiras entre a linguagem verbal e a linguagem pictórica. Para ele, a questão suscitada pela "experiência que, no momento presente, estão realizando alguns jovens poetas paulistas" formulava-se nos seguintes termos: quais elementos ou "valores" podiam ser explorados de modo a livrar o poema da leitura linear ("a direção fixa") que a linguagem verbal impõe, tornando-o passível de "livre leitura", isto é, de ser percorrido "em qualquer direção", ao sabor da "arbitrariedade" do olhar diante de uma pintura? O primeiro dos caminhos indicados por Cardozo consistia em fazer a invenção poética incidir sobre a camada fonética da linguagem — sobre "os valores breve e longo" do fonema, por exemplo. E, como amostra, seguia-se a primeira reprodução no Brasil de um dos poemas de Morgenstern mais festejados pelas vanguardas poéticas do século xx, aquele mesmo "Noturno do peixe" que visitamos mais acima (e que Cardozo prefere traduzir por "Canto do peixe").

Mas por que Cardozo citava Morgenstern nesse contexto, quando tinha tantos outros exemplos mais à mão? Não há como responder cabalmente, e não é o caso de desdenhar a vasta leitura de Cardozo, mas é bastante provável que o poeta pernambucano, residente no Rio de Janeiro, tenha assistido aos debates promovidos pela União Nacional dos Estudantes, durante os quais Décio Pignatari teria analisado a radicalidade semiótica desse mesmo poema. Não pude encontrar o texto dessa fala, repetição carioca de uma conferência já realizada durante a temporada paulistana da exposição, segundo testemunho quase contemporâneo de Haroldo de Campos — a quem devemos um resumo do que seu colega de armas dizia a respeito do poema: Pignatari teria salientado seu "caráter fisiognômico", que resultava numa "verdadeira pictografia do abrir-e-fechar da boca do peixe no aquário".[40]

40   Ver a próxima nota para a fonte do testemunho de Haroldo de Campos. Num texto do ano anterior, Pignatari já mencionara o nome de Morgenstern, vinculando-o a Schwitters e incluindo-o no panteão concretista que ia de Mallarmé e Joyce a Pound e Cummings — ver "nova poesia: concreta (manifesto)", estampado em *AD — Arquitetura e Decoração*, número 20 (São Paulo, 1956) e recolhido em Augusto de Campos, Décio Pignatari e Haroldo de Campos, *Teoria da poesia concreta: textos críticos e manifestos* (Cotia: Ateliê, 2006), às páginas 67-70. Na esteira de Pignatari e Cardozo, o poeta e crítico Mário Faustino reproduz o "Noturno" em seu artigo "Dadá, iii: Kurt Schwitters", que integra sua coluna "Fontes e correntes da poesia contemporânea", *Jornal do Brasil*, 11 de maio de 1958. Faustino já mencionara Morgenstern *en passant* em duas ocasiões anteriores, sempre em artigos para a mesma coluna: em "Stefan George",

O testemunho de Haroldo de Campos encontra-se em um ensaio de título programático, "Morgenstern, poeta alemão de vanguarda", publicado pouco mais de um ano depois do artigo de Cardozo.[41] O perfil crítico vinha acompanhado de quatro traduções pioneiras ("O teixugo estético", "A cadeira de balanço no terraço deserto", "Palmström guarda à noite seu relógio" e "Jogo da natureza"), às quais se somavam o mesmo poema visual já reproduzido por Cardozo (cujo título agora aparece como "Canto noturno do peixe") e a transcrição de um "poema puramente fonético", "O grande Lalulã":

Kroklokwafzi? Seṁemeṁi!
Seiokrontro — prafriplo:
Bifzi, bafzi; hulaleṁi:
quasti basti bo...
Lalu lalu lalu lalu la!

Hontraruru miromente
zasku zes rü rü?
Entepente, leiolente
klekwapufzi lü?
Lalu lalu lalu lalu la!

Simarar kos malzipempu
silzuzankunkrei (;)!
Marjomar dos: Quempu Lempu
Siri Suri Sei []!
Lalu lalu lalu lalu la!

Nos comentários críticos que acompanhavam os poemas, Haroldo de Campos não hesitava em atribuir ao autor o papel de precursor da experimentação formal das vanguardas: um poema como "O grande Lalulã"

---

5 de maio de 1957 (isto é, no mesmo dia e na mesma página em que o *Jornal do Brasil* reestampava o manifesto de Pignatari, "nova poesia: concreta"), e novamente em "Futurismo, II: Marinetti e Palazzeschi", 1 de dezembro de 1957.

41 Publicado à página 3 do número de junho de 1958 do *Jornal de Letras*, o ensaio foi reproduzido sob o novo título de "O fabulário linguístico de Christian Morgenstern" na página "Invenção" do *Correio Paulistano*, em 4 de dezembro de 1960, e finalmente recolhido in *O arco-íris branco* (Rio de Janeiro: Imago, 1997).

preparava as experimentações de Hugo Ball, Raoul Hausmann e Kurt Schwitters. Ao mesmo tempo, ele não deixava de assinalar o parentesco do alemão com Edward Lear e em especial com Lewis Carroll, criador "de outra criatura igualmente bizarra da mitologia fonética, o *Jabberwocky*". A expressão saborosa ("mitologia fonética") conduzia ao ponto central, que deslocava ligeiramente a ênfase do comentário semiótico e ressaltava o largo alcance do jogo humorístico das *Galgenlieder*: a paródia das convenções poéticas, abolindo "as fronteiras entre ser vivo e coisa" e promovendo "desconcertantes transferências de atributos de homem a objeto", produz uma "transfiguração do objeto em fábula". Assim, a cadeira de balanço de um dos poemas traduzidos "vige como coisa-*persona*", ao passo que os anti-heróis do poeta (Von Korf, Palmström, Palma Kunkel) convertem-se em protagonistas de um "fabulário" do mais rematado *nonsense*.

Por esse caminho, o ensaio associava o "poeta de vanguarda" à longa tradição da fábula — e mesmo a um de seus *tópoi* mais longevos, o do "mundo às avessas" —, o que acrescentava complexidade à figura que ia se desenhando. O poeta e crítico paulistano não desdobraria essas intuições,[42] mas veremos mais abaixo como as sugestões contidas em seu texto de 1958 seriam importantes para a leitura que outro poeta e crítico, Sebastião Uchoa Leite, faria da obra de Morgenstern.

Antes disso, anotemos que, depois de Haroldo de Campos e Décio Pignatari, também Augusto de Campos não deixou de dar atenção à obra de nosso autor, assinando três belas versões ("Os funis" e "Como as crianças do patíbulo gravam os meses", em 1967, e "A cerca de paus", em 1988) e estampando a capa de uma coletânea de traduções de poesia alemã, *Irmãos germanos*, com uma versão em alto-relevo do "Noturno do peixe". Uma homenagem a Morgenstern — mas, certamente, também uma alusão a um poema que estivera presente nos primeiros momentos da poesia concreta.[43]

---

42   Voltaria, contudo, a escrever sobre Morgenstern. Primeiro, no ensaio "Poesia de vanguarda brasileira e alemã", publicado inicialmente no número 2 da revista *Cavalo Azul*, abril-maio de 1966, e retomado pela revista *Humboldt*, número 16 (1967), antes de ser recolhido no volume de ensaios *A arte no horizonte do provável* (São Paulo: Perspectiva, 1967); nesse texto, o tradutor reproduziu duas de suas traduções, "O teixugo estético" e "A cadeira de balanço no terraço deserto".

43   "Os funis" e "Como as crianças do patíbulo gravam os meses" saíram no *Suplemento Literário* de *O Estado de S. Paulo* em 20 de maio de 1967. O primeiro foi republicado em 24 de janeiro de 1988 no suplemento *Folhinha* da *Folha de*

Mas foi em um poema de 1990, publicado pouco antes de *Irmãos germanos*, que o "Noturno do peixe" veio revelar todo o poder de sugestão que conservou ao longo das décadas para Augusto de Campos. A alusão ao poema de Morgenstern não deixava lugar a dúvidas, a começar do título dessa obra em preto e branco que é um dos mais belos dentre seus poemas visuais: "walfischesnachtgesang — cançãonoturnadabaleia". O peixe, *Fisch*, do original, dava lugar à baleia, *Walfisch*, que por sua vez remetia à fera alva do romance de Herman Melville — e, quem sabe, à peça vocal que John Cage compôs em 1980, *Litany for the Whale*. A repetição exclusiva dos sinais diacríticos no poema de Morgenstern convertia-se na repetição obsessiva do *m* de *Moby Dick*, que perfazia sozinho as linhas pares, avançando também pelas ímpares, ameaçando assim ocupar todo o *grid* quase perfeitamente quadrado e cifrando graficamente o "texto" do poema, que só aos poucos vinha à tona: da "brancura do branco" e da "negrura do negro" até o final, "call me moby".[44]

*

Um mês depois da publicação do texto e das traduções de Haroldo de Campos, o *Suplemento Literário* de *O Estado de S. Paulo* estampava um texto, "Conexões grotescas", em que o crítico alemão Anatol Rosenfeld, radica-

---

[44]   *S.Paulo*, ao lado de um novo poema, "A cerca de paus"; o mesmo suplemento republicou o poema-calendário em sua edição de 2 de outubro de 1988, agora sob o título de "Zoomeses". Na coletânea *Irmãos germanos*, que saiu em 1992 pela editora Noa Noa, de Florianópolis, fundada e dirigida por Cleber Teixeira, o título muda para "Como as crianças da forca memorizam os meses". Concebido em 1990, o poema foi incluído por Augusto de Campos em *Despoesia* (São Paulo: Perspectiva, 1994). A obra foi objeto de cuidadosa análise de Flora Süssekind, "Coro a um. Notas sobre a *cançãonoturnadabaleia*", ensaio publicado na revista *Gragoatá*, número 12 (2002). Mais recentemente, Marjorie Perloff voltou a esse mesmo poema no ensaio-homenagem "'Porta sempre aberta. Para o dia de uma nova era': a 'macintoxicação' de Augusto de Campos", publicado em tradução de Marina Bedran na revista eletrônica *Rosa*, volume 3, número 1 (2021). Registremos, por fim, que, citado na então recente tradução de Montez Magno e Sebastião Uchoa Leite, Morgenstern serviu de ponto de partida para outro ensaio de Süssekind, "Ego trip. Metamorfoses do sujeito lírico", publicado originalmente no suplemento *Folhetim* da *Folha de S.Paulo*, 6 de maio de 1984, e recolhido em *Papéis colados* (Rio de Janeiro: Editora da UFRJ, 1993).

do no Brasil desde 1937, perguntava-se pelas raízes do interesse moderno pelo grotesco.[45] Inspirado pela leitura do livro de Wolfgang Kayser sobre o tema, recém-publicado na Alemanha, e pelas ideias de Arnold Hauser a respeito,[46] Rosenfeld começava por notar que "o conceito do grotesco quase se impõe para apreciar de forma adequada boa parte da arte moderna". Lido como sintoma de crise social e como tentativa de dar forma simbólica à "desorientação em face de uma realidade tornada estranha e imperscrutável", o grotesco exprime essa experiência por meio de uma "completa subversão da ordem ontológica". Essa observação servia de deixa para um breve panorama do grotesco na arte ocidental, do fim do Renascimento até as primeiras décadas do século xx, de Shakespeare e dos poetas barrocos a Beckett e Chaplin. No coração dessa linhagem da desproporção anticlássica, Rosenfeld nomeava uma série de autores alemães: Kleist, Lenz, Büchner e Hoffmann, no começo do século xix, o popular Wilhelm Busch, na segunda metade do século burguês, ou ainda Frank Wedekind, no começo do xx. Acima de todos, segundo Rosenfeld, pairava a figura do filósofo Arthur Schopenhauer, pensador do *desengaño* metafísico e, por isso, referência incontornável para a compreensão do grotesco moderno: a ordem familiar das coisas "é apenas aparente, no fundo reina o caos", apenas as "ruínas e os esgares atrozes" são reais; o homem se agita "num mundo de aparências", de "representação", e somos meros "bonecos, estrebuchando, com trejeitos grotescos, nas cordas manipuladas pela vontade cega e inconsciente" no "circo do Ser absurdo".

Ora, menos de um mês depois, Rosenfeld valia-se dessas considerações sobre o grotesco para um estudo de caso, sob o título de "Os duendes na língua", debruçando-se sobre um representante da tal "linha grotesca específica" da literatura alemã — ninguém menos que nosso Christian Morgenstern.[47] Partindo de uma passagem de Leo Spitzer

---

45   Anatol Rosenfeld, "Conexões grotescas", *Suplemento Literário* de *O Estado de S. Paulo*, 12 de julho de 1958.

46   Wolfgang Kayer, *Das Groteske* (Hamburgo: Gerhard Stalling Verlag, 1957); quanto a Hauser, o texto relevante aqui é *The Social History of Art* (Londres: Routledge and Kegan Paul, 1951), uma vez que o estudo mais alentado de Hauser sobre o maneirismo e a arte moderna, em que se discute o gosto pelo *grottesco*, só sairia anos mais tarde — ver *Der Manierismus. Die Krise der Renaissance und der Ursprung der modernen Kunst* (Munique: Beck, 1964).

47   Anatol Rosenfeld, "Os duendes na língua", *Suplemento Literário* de *O Estado de S. Paulo*, 2 de agosto de 1958, posteriormente integrado ao texto "Conexões

sobre a capacidade da linguagem literária de gestar criaturas grotescas por meio de operações vocabulares,[48] Rosenfeld apontava para a mesma virtualidade no âmbito da linguagem em geral: intuímos que somos prisioneiros das "estruturas da nossa língua como uma mosca na teia de aranha", e, se a língua literária é capaz de criar "monstros", então "não teremos razões de sobra para duvidar ainda mais [da linguagem] em sua conduta cotidiana, tão humilde e bem comportada"? É justamente esse "bom comportamento" da linguagem que "inspira suspeita", "resulta num tecido de clichês", impede a visão e finalmente "falsifica nossas experiências". Nada mais salutar, portanto, que alguma dose de "ceticismo linguístico" diante dos "objetos criados pela abstração ou pelas projeções míticas nascidas da língua". Parece-me evidente que Rosenfeld está resumindo de maneira elíptica o caráter geral do pensamento de Fritz Mauthner; mas o fato é que, talvez premido pelo pouco espaço, ele omite o nome do filósofo e passa diretamente ao poeta: o veio cético, misturado a "uma atitude lúdica" levada "às últimas consequências", está no coração "dos poemas grotescos de Christian Morgenstern [...], que lhe granjearam imensa fama na Alemanha".[49]

---

grotescas" para dar origem ao ensaio "Sobre o grotesco", estampado em *Doze estudos* (São Paulo: Conselho Estadual de Cultura, 1959) e, dez anos mais tarde, com o título de "A visão grotesca", em *Texto/Contexto* (São Paulo: Perspectiva, 1969). Vale registrar que, em artigo pouco posterior e de tema diverso, também Augusto Meyer associou *en passant* Morgenstern à tradição da "poesia do grotesco" — leia-se "A degolação e o beijo", *Suplemento Literário* de *O Estado de S. Paulo*, 15 de outubro de 1960.

48 Rosenfeld cita um trecho de *Linguistics and Literary History* (Princeton: Princeton University Press, 1948) sobre a invenção vocabular em Rabelais; o assunto já fora tema do doutorado de Spitzer, *Die Wortbildung als stilistisches Mittel, exemplifiziert an Rabelais* (Halle: Max Niemeyer, 1910), e reapareceria no ensaio pioneiro sobre as *Galgenlieder*, citado acima, que Rosenfeld parece não ter lido.

49 Num artigo posterior, de teor muito próximo ao de Rosenfeld, Willy Keller explicitou esse elo entre Morgenstern e Mauthner: "A razão do absurdo: Christian Morgenstern", publicado na revista *Humboldt*, número 12 (1965); diretor do Instituto Goethe no Rio de Janeiro a essa altura, o autor promoveu leituras públicas de Morgenstern, noticiadas nos jornais locais. Para um perfil desse alemão de nascimento, militante antifascista e homem de teatro, leia-se a dissertação de mestrado de Karola Zimber, *Willy Keller: um tradutor alemão de literatura brasileira* (Universidade de São Paulo, 1998).

```
a m m b r a n c u r a m m d o m m b r a n c o
m m m m m m m m m m m m m m m m m m m m m m m m
a m m m n e g r u r a m m d o m m m n e g r o
m m m m m m m m m m m m m m m m m m m m m m m m
r ó d t c h e n k o m m m m a l i é v i t c h
m m m m m m m m m m m m m m m m m m m m m m m m
o m m m m m m m a r m m m m m m e s q u e c e
m m m m m m m m m m m m m m m m m m m m m m m m
j o n a s m m m m m e m m m m m c o n h e c e
m m m m m m m m m m m m m m m m m m m m m m m m
s ó m m m a h a b m m m n ã o m m m s o u b e
m m m m m m m m m m m m m m m m m m m m m m m m
a m m n o i t e m m q u e m m e m m c o u b e
m m m m m m m m m m m m m m m m m m m m m m m m
m m m m m m m m m m m m m m m a l v o r e c e
m m m m m m m m m m m m m m m m m m m m m m m m
c a l l m m m m m m m e m m m m m m m m o b y
```

Acima, Augusto de Campos, "walfischesnachtgesang — cançãonoturnadabaleia", 1990. Exemplo entre muitos dos usos diversos a que se prestou a obra de Morgenstern, a prancha ao lado provém da pseudomonografia *Bau und Leben der Rhinogradentia* (Stuttgart: Gustav Fischer Verlag, 1957), que o zoólogo Gerolf Steiner publicou sob o pseudônimo de Harald Stümpke. O Nasobēm (*Nasobēma procedens Mor.* ou *Nasobēma lyricum Str.*) pertenceria à ordem (extinta por uma explosão atômica em 1945 no arquipélago do Pacífico em que tinham seu *habitat*) dos Rhinogradentia, pequenos animais que se locomovem fazendo uso do nariz.

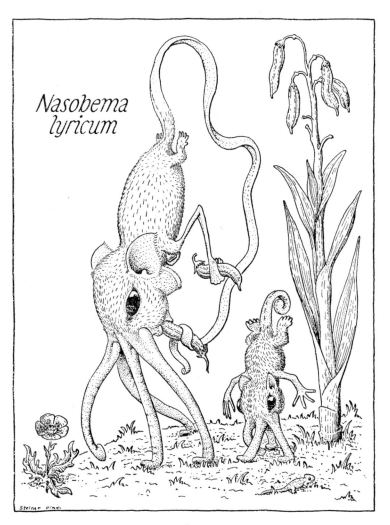

Tafel X

Assim, diz o crítico, a fauna grotesca de Morgenstern, com seus "animais míticos" e suas personagens "estranhas", provém do "espírito mais íntimo da língua alemã", da "própria estrutura deste idioma, com suas peculiaridades sintáticas e vocabulares".[50] Ao lhe conceder "plena liberdade", Morgenstern exacerba as virtualidades da língua, numa desmedida grotesca que culmina no que Rosenfeld chama de "palhaçada ontológica". Seus "animais fabulosos, particularmente noturnos" e seus "bezerros lunares" deixam para trás "um bicho tão filisteu como o unicórnio"; e, para dar exemplos específicos, Rosenfeld cita por extenso os poemas "O Nasobete" ("Das Nasobēm") e "A doninha esteta", ambos em versões de seu jovem *protégé* Roberto Schwarz. Em ambos, o nome da criatura em questão deriva não de alguma tradição onomástica ou de sua conformação biológica, e sim dos acidentes (ou necessidades) da rima. Assim, a primeira parte do nome "Nasobēm" deriva claramente de *Nase*, "nariz", mas a segunda parece ditada pelo desejo de rimar com *Brehm* — nome de um famoso zoólogo, autor de um compêndio conhecido pelo título de *Brehms Tierleben*.[51] Na tradução de Schwarz, o *vademecum* original transforma-se no dicionário Aulete, o que impõe novo batismo à criatura, doravante "Nasobete". Quanto à tal "Doninha esteta", trata-se do mesmo poema que Haroldo de Campos traduzira pouco antes como "O teixugo estético", e o procedimento é da mesma natureza: conforme explica certo "bezerro lunar" (*Mondkalb*), a "doninha" (*Wiesel*) está onde está não por uma razão de

---

50   A propósito desse vínculo entre as criaturas de Morgenstern e o tal "espírito mais íntimo" do idioma, eis aqui um exemplo concreto que pregou uma peça em alguns de seus admiradores brasileiros: no poema "Der Ginganz", traduzido por Montez Magno como "Andavatoda" e comentado por Sebastião Uchoa Leite e Flora Süssekind, fala-se de uma bota (*Stiefel*) e de seu criado ou servo (*Knecht*). Criaturas grotescas ou insólitas, nascidas da inventiva do poeta? Sem dúvida; mas também criaturas nascidas do simples e certeiro desmembramento de *Stiefelknecht*, palavra razoavelmente corriqueira para designar um artefato doméstico, o tira-botas, a descalçadeira de botas...

51   Vale registrar que, um ano antes do artigo de Rosenfeld, o zoólogo alemão Gerolf Steiner, sob o pseudônimo de Harald Stümpke, tratava de fechar o círculo, dedicando uma "rigorosa" monografia ao Nasobēm, espécie muito arisca de mamífero do Pacífico Sul, classificada sob o nome científico de *Nasobema procedens Mor.* ou *Nasobēma lyricum Str.* — ver *Bau und Leben der Rhinogradentia* (Stuttgart: Gustav Fischer Verlag, 1957).

ordem biológica, mas apenas por amor à rima com "pedrinha" (*Kiesel*) e "ribeirinha" (*Bachgeriesel*).[52]

Por fim, já a caminho da conclusão, Rosenfeld acrescentava ainda uma observação certeira: parecia-lhe demasiado fácil a distinção costumeira entre o autor irreverente e moderno das *Canções da forca* e o noviço místico dos poemas escritos sob a influência de Rudolf Steiner. A atitude de Morgenstern diante da linguagem era de "profunda ambivalência", feita como era do "amor do poeta" que a cultiva e do "ódio do místico" que gostaria de se livrar desse empecilho à iluminação. Mas esses dois polos se comunicavam subterraneamente, nota o crítico, e o "intuito sistemático de desagregar" a linguagem e a realidade nutria também o desejo ardente de vencer a distância entre "Eu e Deus". Seja qual for nossa opinião sobre as composições de sabor antroposófico, seu autor é substancialmente o mesmo autor do ditame que Rosenfeld cita nas últimas linhas de seu texto: "Burguesa é, sobretudo, a língua. Desaburguesá-la é a tarefa do futuro".[53] Se não aparece como figura de vanguarda, como queria a leitura concretista, o Morgenstern do ensaio de Rosenfeld não é, por isso, menos moderno.

*

Essa anotação final sobre o Morgenstern dito "místico" serve também como memorando da pouca atenção que essa outra vertente de sua poe-

---

52   Haroldo de Campos, por sua vez, prefere a tríade "teixugo", "sabugo" e "refugo", promovendo uma metamorfose vocabular e zoológica que justifica por alusão ao vetor poético mais característico da obra de Morgenstern. Anos mais tarde, comentou sua "transcriação" de "O teixugo estético" em "Reflexões sobre a Poética da Tradução", publicado no volume I dos *Anais dos I e II Simpósios de Literatura Comparada 1985/1986*, organização de Eneida M. de Souza e Julio C.M. Pinto (Belo Horizonte: UFMG, 1987) e reeditado sob o título de "Morgenstern: o fabulário refabulado" em apêndice a "Da tradução à transficcionalidade", *Revista 34 Letras*, número 3 (1989). Nesse texto, Haroldo de Campos ataca, por "ingênua", a tradução do poema assinada por Roberto Schwarz. O tom é mais que acerbo — e por essa razão talvez baste, neste *Jogo da forca*, convidar o leitor curioso a revisitar esses textos marcados pela temperatura a que podia chegar a polêmica literária naquela década de 1980.

53   A sentença encontra-se no volume *Stufen. Eine Entwicklung in Aphorismen und Tagebuchnotizen* (Munique: Piper, 1918), organizado por Margareta Morgenstern, viúva do poeta.

sia recebeu entre nós, em contraste com o que se dá com os poemas provenientes das *Galgenlieder*. Vimos como são poucos os contraexemplos: uma canção coral da década de 1940, duas traduções na década de 1950 e pouco mais. Vai nisso alguma injustiça, uma vez que, sempre nas palavras de Rosenfeld, se trata de um "lírico de categoria". Por isso mesmo, é digno de nota que, tendo citado Morgenstern em tom humorístico em 1955, Paulo Mendes Campos tenha se ocupado também dessa face de Morgenstern.

Em um de seus famosos cadernos de anotações, iniciado ali por 1959,[54] encontra-se uma tradução manuscrita de um poema desse "outro" Morgenstern: "Primeira neve", publicado originalmente em um livro de 1902, *Und aber ründet sich ein Kranz*.[55] Até onde sei, Mendes Campos não falava alemão, e é de se imaginar que tenha entrado em contato com o poema por meio de alguma tradução para as línguas que conhecia — para o inglês, quem sabe?[56] É bem possível, pois logo acima do rascunho da tradução, Mendes Campos anotou três palavras em alemão, anotando o significado de uma delas em inglês, não em português ("*schlank = slender, slim*"). O poema é o instantâneo lírico de um momento de graça: uma corça que sai de "vales de gris argênteo" para se arriscar, "passo a passo", em terras mais altas, cobertas de neve fresca. No caderno de rascunhos, os versos traduzidos estão dispostos à maneira tradicional, alinhados à esquerda, um depois do outro — e assim figuravam em sua primeira publicação, nas páginas da revista *Manchete*, em 1964.[57] Mas esse "passo

54 Esses cadernos encontram-se sob a guarda do Instituto Moreira Salles, no Rio de Janeiro. À primeira página desse que citamos, lê-se a presumível data ("1959") em que o escritor começou a usar o caderno; toda a primeira parte é dedicada às leituras sobre o ácido lisérgico, que Mendes Campos tomou pela primeira vez em 1962; e a tradução de Morgenstern encontra-se poucas páginas após uma referência ao ano de 1964.

55 O título do livro é tirado dos dois versos iniciais de um dos poemas: "*Und aber ründet sich der Kranz/ des viergeteilten Jahres*", que se poderia parafrasear como "E vai-se fechando a coroa [ou guirlanda]/ do ano e de suas quatro partes".

56 Mas onde, precisamente? Mendes Campos deve ter lido a magistral antologia norte-americana de Max Knight, *Christian Morgenstern's Galgenlieder*, publicada logo antes, em 1963, pela University of California Press — que, entretanto, *não* inclui "Primeira neve"...

57 Paulo Mendes Campos, "Poemas traduzidos", revista *Manchete*, 14 de novembro de 1964.

a passo" parece ter inspirado Mendes Campos a uma experimentação gráfica quando, em 1981, resolveu recolher sua versão do poema (com pequenas alterações vocabulares) em uma das colunas de seu livro-jornal *Diário da Tarde* e se permitiu fragmentar os versos, a fim de sugerir visualmente as pegadas da corça, seu andar cauteloso (*"vorsichtig"*, anotara ele no caderno).[58] Os dois últimos versos, aliás, não só são quebrados a cada palavra ("e/eu/penso/em/ti/na/tua/graça/infinita") como são dispostos numa diagonal ascendente, novamente a imitar o trajeto do animal que sobe dos vales para os platôs invernais. Um gracejo gráfico — mas talvez, também, uma piscadela à poesia visual dos concretistas? Não é implausível.

Uma coisa é certa: o poema gravou-se na memória de Mendes Campos. A certa altura de seu poema enumerativo "Litania da lua", de 1969, evoca-se a "lua dos bosques argênteos de Morgenstern", numa alusão bastante direta ao verso inicial de "Primeira neve". E, anos mais tarde, o poeta alemão reaparece em mais um poema enumerativo e anafórico, "Atento sou". No penúltimo verso dessa lista de poetas e escritores que lhe nortearam o caminho, entre Bernanos e Rimbaud, o mineiro se declara atento "a Morgenstern, que viu o objeto desgarrado do sujeito".[59] Se era atento ao lirismo de "Primeira neve", Mendes Campos parecia também ter bem presente o autor dos poemas grotescos, com seus efeitos de fragmentação e "desgarramento" verbal e ontológico. O verso citado de "Atento sou" talvez seja até mesmo prova indireta de que estava a par dos textos de Haroldo de Campos e Anatol Rosenfeld a respeito — coisa também nada implausível, dado o raio vasto e curioso das leituras de Mendes Campos.

*

Depois dessa maré montante entre meados dos anos 50 e meados dos anos 60, Morgenstern desapareceu quase que por inteiro da cena brasi-

---

58   *Diário da Tarde* (Rio de Janeiro/São Paulo: Civilização Brasileira/Massao Ohno, 1981).

59   A "Litania da lua" saiu inicialmente em *Manchete*, 26 de julho de 1969, e mais tarde foi incorporada à seção "Balada de amor perfeito" de *Poemas* (Rio de Janeiro/Brasília: Civilização Brasileira/Instituto Nacional do Livro, 1979). "Atento sou" saiu em *Diário da Tarde* (ver nota acima); não fui capaz de encontrar nenhuma publicação prévia, mas é provável que tenha saído na imprensa antes de entrar no livro.

leira durante toda a década de 1970, exceção feita a alguma breve menção na imprensa[60] e de umas poucas traduções de fôlego mais limitado.[61] O retorno, por assim dizer, só se deu em 1983, e em grande estilo, com o lançamento de *Canções da forca*, reunião de 24 poemas selecionados e vertidos por dois poetas pernambucanos, Montez Magno e Sebastião Uchoa Leite.[62] O texto de orelha, assinado por Magno, reatava explicitamente com o momento anterior: a curiosidade inicial dos tradutores fora disparada pelas versões e pelos textos críticos de Haroldo de Campos, publicados a partir de 1958. A página de rosto, por sua vez, reafirmava a ideia concretista de tradução como "transposição poética": como não sabia alemão, a dupla convocou dois germanófonos, o artista plástico Leonardo Duch e a tradutora Rachel Valença, responsáveis pelas "traduções semânticas",[63] e valeu-se de uma leva recente de traduções para outras línguas ocidentais.

O resultado é notável, a começar pela seleção, que contemplava textos célebres (como "A lâmpada diurnoturna", volta e meia mencionado entre nós), uma bela amostra do bestiário morgensterniano (mos-

60   Como é o caso do artigo de Mario Chamie, "Poesia práxis e poesia fonética", *Tribuna da Imprensa*, 21-22 de janeiro de 1978, em que se trata da "crise radical por que vem passando o verso, desde a primeira cutilada de Mallarmé até a tentativa de Morgenstern de, em 1905, propor um poema silábico e letrista ["O grande Lalulã"]".

61   Penso precisamente nas quatro "canções da forca" traduzidas pelo poeta Domingos Paoliello e estampadas na revista *Poesia*, número 3, 1978: "Ex-libris", "O órgão olfatório", "Korf inventou uma espécie de troça", "A autoridade". A revista era editada por um grupo de autores oriundo da Geração de 45, entre os quais figurava João Accioli, tradutor de dois poemas de Morgenstern, como vimos mais acima.

62   Se a figura de Sebastião Uchoa Leite (1935-2003) já dispensa apresentações (muito embora faltem mais estudos sobre sua poesia, suas traduções e seus livros de ensaio), o mesmo não vale para seu parceiro Montez Magno, poeta e artista plástico nascido em 1934 (em Timbaúba, como Uchoa Leite) e falecido no final de 2023; a seu respeito, leia-se o perfil assinado por Olivia Mindêlo, *Montez Magno — poeta, artista, camaleão* (Recife: Cepe, 2018) e consulte-se o catálogo da exposição *Algúria* (São Paulo: Pinacoteca do Estado, 2023).

63   Vale recordar que, deixando de lado a diferença de escala, a célebre antologia de *Poesia russa moderna* (publicada inicialmente em 1968 pela editora carioca Civilização Brasileira) nascera de uma colaboração semelhante entre os irmãos Campos e o professor e tradutor Boris Schnaiderman.

cas, papagaios, burros, joelhos e saltimbancos) e um ramalhete de poemas protagonizados pelo principal personagem do poeta alemão, o insólito Von Korf. As traduções, por sua vez, recriavam a graça angulosa dos originais, com o ritmo por vezes entrecortado, as rimas complexas, a dicção entre o fabular e o humorístico — sem falar em achados que recuperavam em vernáculo o sabor idiomático de certas invenções do alemão, como é o caso de "Andavatoda", versão de Magno para "Der Gingganz".

A unidade de tom do livro faz pensar num vaivém de versões preliminares, comentários e sugestões entre os dois parceiros — um diálogo que seria fascinante reconstituir, pela luz que projetaria sobre as raízes e as razões do trabalho a quatro mãos. No que diz respeito a Montez Magno, a resposta talvez ainda se faça esperar: mais conhecido como artista plástico, Magno foi poeta de obra dispersa, pouco estudada e apenas recentemente reunida.[64] Sua gama de dicções e de gêneros é variada e não exclui certo lirismo meditativo e cerebral que se encontra em outros poetas de sua geração pernambucana. Mas, de modo talvez mais relevante para nosso tema, Magno é autor tanto de diversas séries de poemas visuais como de textos em veia humorística e burlesca — caso de *As invenções de Cambroque*, de 1984.[65] Essas duas vertentes talvez expliquem sua curiosidade por um poeta capaz de passar da surdina do "Noturno do peixe" às cabriolas de Von Korf, Palmström e companhia.

Quanto a Uchoa Leite, as pistas são mais numerosas, a começar do ensaio de introdução que escreveu para as *Canções da forca*, "No planeta de Morgenstern".[66] Já nas primeiras linhas, o autor sublinhava o caráter "deslocado", "discordante" e divergente de Morgenstern, avesso a uma poesia de "tonalidades graves" a serviço da "sublimação do real". Em vez de sublimação, crítica: uma "crítica geral dos sistemas, do poético ao social" e mesmo ao "ontológico", abordado "pelo lado avesso dos paradoxos". Para levar adiante esse seu exercício de *reductio ad absurdum*, a poesia de Morgenstern tinha de transitar, segundo Uchoa Leite, por território

---

64 No volume *Soma*, organizado por Itamar Morgado (Recife: Cepe, 2016).

65 Montez Magno, *As invenções de Cambroque: falsos limericks: perfis pérfidos: poemas burlescos e satíricos* (Recife: M&M Editor/Cepe, 2002).

66 "No planeta de Morgenstern", introdução à edição já citada das *Canções da forca*, páginas 9-25. O autor não recolheu esse texto em nenhum de seus volumes de ensaios, razão pela qual me pareceu cabível reproduzi-lo neste *Jogo da forca*.

"minado" e "movediço", lindeiro ao "bufônico", ao "*kitsch*" e ao "grotes-co". A aposta só não descambava para o caos verbal porque Morgenstern criara uma "retórica particular", um sistema que organizava esse "aparente delírio": seus habitantes podiam ser "estranhos" e "errantes", suas conclu-sões podiam ser cômicas ou grotescas, mas uns e outras eram frutos de um *jogo* de regras bem definidas.

Um exemplo concreto dessa operação e desse efeito se deixava ver no caso dos muitos poemas de gosto fabular: Morgenstern cumpria o figurino do gênero, punha em cena animais falantes, conduzia a sucinta trama narrativa a uma moralidade final. Mas o jogo não se deixava deter nos limites tradicionais que o cerceavam e terminava por virar a mesa: a antropomorfização punha em cena uma fauna pouco tradicional, e a moralidade terminava sempre por ser irônica, quando não subversiva. Segundo Uchoa Leite, o elemento "lúdico", levado às últimas consequên-cias, vinha "cortar" toda pretensão sublime, toda "lição de moral", fa-zendo da fábula a ocasião de uma "antilição" — e, assim, libertando a poesia da obrigação de servir a uma visão de mundo previamente dada. O resultado, assinalava o poeta brasileiro, podia ser vertiginoso: mais que "simples brincadeiras", os jogos de Morgenstern conduziam do "ar-bítrio da linguagem" ao "arbítrio do universo recriado pela sua poesia". Essa capacidade ficcional e propriamente *cosmogônica* da poesia de Mor-genstern, demiurgo de "um universo particular e fechado", era a deixa para uma comparação extensa com a obra de Lewis Carroll. Já ensaiada antes por Haroldo de Campos (e também por Rosenfeld), ela ganhava maior ressonância pelas mãos de Uchoa Leite. Unidos por um mesmo fascínio "pela inversão e pela construção lógica", o inglês e o alemão tornavam-se criadores de mundos "desvairados" por meio da operação "implacável" da linguagem no que esta pode ter de mais arbitrário e para-doxal. Longe das moralidades fabulares, temos aqui "uma visão paródica da existência" e da "vida burguesa".

Esse viés antiburguês era a melhor pista, pensava Uchoa Leite, para se compreender a razão de ser do outro Morgenstern, o poeta místico, tardo-romântico, leitor de Steiner mas também de Nietzsche e, como este, "inconformado". Argumento semelhante encontrava-se no final do ensaio de Rosenfeld, mas aqui essa ordem de ponderação não mudava grande coisa no veredito final: os poemas místicos ou antroposóficos eram, afinal de contas, vítimas daquele mesmo "vírus da ênfase" e da "grandiloquên-cia" sentimental contra o qual se revoltava jocosamente a "constituição poética" de Morgenstern. O melhor de sua poesia surgia quando ele se fazia "o menos enfático possível"; então, sua obra tornava-se "um lance de passagem de um universo para outro", como teriam percebido os poetas de vanguarda que a teriam resgatado de uma apropriação burguesa e fácil.

Não é difícil ver a que ponto essa leitura de Morgenstern é tributária de Haroldo de Campos. Contudo, vale igualmente notar como esse novo leitor, tão *sui generis*, muda os acentos e, ao fazê-lo, traz Morgenstern para sua própria órbita poética — que já não é a da vanguarda concretista em seus anos iniciais, em que pese a admiração e a amizade que ele nutriu pelos protagonistas do movimento. Lírico desconfiado do lirismo, Uchoa Leite preferiu desde o início a esquiva, o "viés" e a "sombra" que ocultam o sujeito, literalmente "excêntrico", escondido "entre parênteses", entregue à observação de si, do mundo e da própria linguagem: "recusando-se ao desvelamento lírico, a consciência vela o tempo todo na espreita", resumiu Davi Arrigucci Jr. em um belo perfil do poeta e amigo.[67] Salta aos olhos a afinidade entre essa atitude poética e o deslocamento, a divergência sublinhados em "No planeta de Morgenstern": é também de si mesmo que o brasileiro está falando ao louvar, no alemão, o pendor antienfático, mais crítico do que expressivo. Mas podemos avançar um pouco mais nessa direção. Desenvolvendo uma fórmula feliz de Haroldo de Campos ("mitologia fonética"), Uchoa Leite interessou-se pelo teor ficcional e narrativo da obra de Morgenstern, cristalizado não apenas em seu bestiário fabular, mas ainda na série de *personae* insólitas que, por força de uma delegação tácita, tomam assento no que seria o lugar tradicional do eu lírico. Em outras palavras, a invenção de personagens vinha a ser mais um dos recursos a que Morgenstern recorria em seu *jogo* de ocultação e deslocamento do sujeito lírico. Ora, esse esconde-esconde infinito não podia deixar de interessar Uchoa Leite, em cuja obra poética, posto "entre parênteses" o sujeito, proliferam justamente as *máscaras* e os *duplos*, figuras que a um só tempo velam e revelam o eu escapadiço e desconfiado — e figuras, vale lembrar, que atraíram muito de sua atenção como ensaísta, fosse a propósito de textos literários,

---

67 Cito aqui passagens diversas das páginas 72 e 76 de Davi Arrigucci Jr., "O guardador de segredos", em *O guardador de segredos. Ensaios* (São Paulo: Companhia das Letras, 2010). Em sentido análogo, Viviana Bosi fala de "uma forma de voz poética fortemente desconfiada de sua centralidade" — ver seu belo livro *Poesia em risco* (São Paulo: Editora 34, 2021), página 260.

filmes *noir* ou tiras de quadrinhos. No planeta do poeta e crítico pernambucano, o Von Korf de Morgenstern dá as mãos ao Krazy Kat de George Herriman e ao White Knight de Lewis Carroll.[68]

Desse ângulo, o esforço de traduzir uma dúzia de poemas de Morgenstern deixa de parecer um capricho e se inscreve a meio caminho entre as versões de Uchoa Leite para *Alice no País das Maravilhas* e *Através do espelho e o que Alice encontrou lá*, de 1977, e sua tradução da poesia completa de François Villon, de 1988.[69] Marcado a fundo pelas ideias do grupo concretista sobre a tradução como criação, nosso autor novamente imprime um viés pessoal à influência: mais do que constituir um *paideuma*, para retomar o termo de Pound tão caro a Pignatari e aos irmãos Campos, Uchoa Leite parece converter suas versões de textos alheios em novas instâncias de seu próprio jogo de camuflagem e revelação. O autor traduzido torna-se *alter ego*, máscara ou disfarce do poeta-tradutor. E não terá sido mero acaso que este último, às voltas com a autodissolução do sujeito, tenha se interessado justamente por obras em perpétuo flerte com o cômico e com o grotesco: as duas *Alices* de Carroll, onde o espelhismo é a regra do jogo, e os poemas de Villon, em que tanta coisa depende da invenção de um duplo do autor, desse "François Villon" que encontramos (encontramos?) no corpo do texto.[70]

*

O livro de 1983 marca um ponto alto na fortuna brasileira de Morgenstern, tanto pela qualidade das versões quanto pelo fôlego da empreitada. Mais para o fim daquela década, duas traduções publicadas na imprensa paulis-

---

68   Remeto o leitor a esse que me parece ser seu melhor livro de ensaios, *Jogos e enganos* (São Paulo/Rio de Janeiro: Editora 34/Editora da UFRJ, 1995), em especial a "Konhecimento de Krazy Kat", publicado originalmente em 1989.

69   Lewis Carroll, *Alice no País das Maravilhas* e *Através do espelho e o que Alice encontrou lá* (São Paulo: Summus, 1977), reeditado em 2015 pela Editora 34; François Villon, *Poesia* (Rio de Janeiro: Guanabara, 1988), reeditado em 2000 pela Edusp.

70   E que reencontramos (será?) em um poema sem título do próprio Sebastião Uchoa Leite, espécie de brevíssima *Ballade des pendus* que fecha *Obra em dobras*, de 1988: "aqui jaz/para o seu deleite/sebastião/uchoa/leite" — agora em sua *Poesia completa* (São Paulo/Recife: Cosac Naify/Cepe, 2015), página 118.

tana talvez possam servir de fecho para este *Jogo da forca*. Trata-se, mais precisamente, de duas novas traduções de poemas estampados no livro da dupla pernambucana: "O invento de Korf", versão de Rubens Rodrigues Torres Filho para um poema antes vertido por Montez Magno como "Korf inventa uma arte humorística"; e "O relógio de Korf", versão de Felipe Fortuna para o poema que Uchoa Leite traduzira com o mesmo título.[71]

A tradução de Fortuna foi publicada no corpo de um artigo de 1990 sobre a tradição do *nonsense* na poesia moderna. Refratário "a toda moralização", o *nonsense* era associado, via Ernst-Robert Curtius, ao *topos* longevo do "mundo às avessas" e comentado em suas ramificações surrealistas (Breton), brasileiras (Campos de Carvalho), alemãs (Morgenstern) e sobretudo inglesas, de Carroll a Shel Silverstein, Gellet Burgess e Mervyn Peake. Cada um destes três últimos era representado por um poema traduzido pelo articulista, ele mesmo poeta e, mais tarde, tradutor de Basil Bunting.

No caso de Torres Filho, o vínculo com as letras alemãs era mais antigo e pronunciado. Professor de filosofia na Universidade de São Paulo, Torres Filho destacara-se a partir da década de 1970 como tradutor e comentador de alguns dos principais nomes da filosofia dos séculos XVIII e XIX na Alemanha: Kant, Schelling e sobretudo Fichte (assunto de seu livro *O espírito e a letra*), mas também Nietzsche, o que já nos vai trazendo para terreno próximo de Morgenstern. De Nietzsche, Torres Filho traduzira uma antologia notável, *Obras incompletas*, organizada por Gérard Lebrun e publicada pela primeira vez em 1974.[72] Com felicidade constante, sua tradução recuperava a inventiva morfológica, a dicção vibrante, a cadência rítmico-retórica do texto alemão em um português firme e contemporâneo; ao final do volume, quatro poemas de Nietzsche confirmavam a centelha poética que já se adivinhava também no tradutor. E, de fato, fora como poeta que Torres Filho primeiro viera a público, com um livro muito precoce, *Investigação do olhar*, seguido duas

---

71   A tradução de Rubens Rodrigues Torres Filho (1942-2023) saiu no suplemento *Folhetim* da *Folha de S.Paulo*, em 6 de novembro de 1987, ao passo que a tradução de Felipe Fortuna foi publicada, junto a seu artigo "Sentimento do absurdo domina poesia *nonsense*", no suplemento *Letras* da *Folha de S.Paulo*, em 1 de setembro de 1990.

72   As *Obras incompletas* integravam a coleção *Os pensadores*, publicada pela Editora Abril, para a qual Torres Filho fez a maioria de suas traduções dos filósofos idealistas alemães; o volume dedicado a Nietzsche foi republicado em 2014 na coleção Fábula, da Editora 34.

décadas mais tarde por três livros lançados em rápida sucessão e que formam o coração de sua obra literária: *O voo circunflexo, A letra descalça* e *Poros*.[73] Singular reunião de lirismo e reflexão, são livros igualmente marcados por uma noção peculiar de *Witz*, de exercício humorístico da inteligência que Torres Filho foi beber na tradição alemã, mas que praticava igualmente em sala de aula e na vida cotidiana. Em uma como na outra circunstância, chegava-se com frequência a uma perplexidade, a uma aporia[74] que, uma vez exposta, já não se deixava expulsar da conversa ou do texto comentado em classe — com direito, não poucas vezes, a um riso nervoso e difuso. Não foi, pois, por acaso que escolheu traduzir um poema cujo título, ao pé da letra, seria "Korf inventa um tipo de piadas" — mas piadas (*Witzen*) que são "como um rastilho, queimando em surdina" e "que só fazem efeito muitas horas passadas".[75]

*

Vou chegando ao fim do arco de mais ou menos seis décadas que tentei reconstituir, a partir do início dos anos 30 do século passado. Partimos de um episódio marginal, em que Morgenstern surgia entre nós no encontro de Modernismo e imigração, e chegamos a certa altura da redemocratização dos anos 80 em que a vida artística florescia no cruzamento de tradição modernista e concretista, cultura universitária madura e imprensa pujante. Depois de novo sumiço na década seguinte, Morgenstern tornou a dar o ar de sua graça aqui e acolá, já no começo do século XXI, ora para ilustrar questões de teoria da tradução, ora para

---

73 *Investigação do olhar* saiu em 1963 pela editora Massao Ohno, a mesma que lançou *O voo circunflexo* em 1981; *A letra descalça* saiu pela Brasiliense em 1985 e *Poros* em 1989, pela Duas Cidades.

74 Se o pendor para o aporético ajuda a explicar o interesse do autor de *Poros* por Morgenstern, ele também reaparece nos comentários de Torres Filho a respeito da aporia como "não porosidade" em Drummond: "Leitura de uma manchete", publicado inicialmente em *Leia*, setembro de 1987, e recolhido na revista *Discurso*, número 35 (2005).

75 Vale registrar que a versão de Morgenstern saiu numa altura em que as traduções e os ensaios de Torres Filho aproximavam-se mais e mais do âmbito poético: em 1987, a editora Brasiliense publicou sua tradução de *Rua de mão única*, de Walter Benjamin, e seu breve e belo livro de *Ensaios de filosofia ilustrada*; um ano depois, saía sua versão dos fragmentos de Novalis, *Pólen* (São Paulo: Editora Iluminuras, 1988).

inspirar um poeta e uma prosadora, e também em novas traduções esparsas.[76] Mas, se não estou muito equivocado, essas novas aparições provêm de outra ordem de interesses ou preocupações e não exibem maiores conexões nem entre si, nem em relação à linhagem razoavelmente coesa que busquei perseguir nas páginas acima. Talvez estejamos no começo de um novo capítulo da fortuna brasileira de Morgenstern — quem sabe? Eu, da minha parte, paro por aqui.[77]

76 Refiro-me ao artigo de Erwin Theodor Rosenthal, "Plurilinguismo: a tradução e os 'falsos amigos'", *Revista Brasileira*, número 39, abril-junho de 2004 (com uma tradução de "Die unmögliche Tatsache", "O fato impossível"); ao poema visual de Ricardo Aleixo, "Canção noturna do fim de Peixes. *D'après Christian Morgenstern*", em *Trívio* (Belo Horizonte: Scriptum, 2001) e ao conto brevíssimo de Vilma Arêas, "Canto noturno de peixes", incluído em *Vento sul* (São Paulo: Companhia das Letras, 2011) e mais recentemente em *Todos juntos* (São Paulo: Fósforo, 2023); e finalmente às traduções de Tetê Knecht, *No reino da pontuação* (São Paulo: Berlendis & Vertecchia, 2010), e Ricardo Domeneck, que verteu seis poemas publicados em *Pernambuco*, número 144, fevereiro de 2018 ("Anti-horário", "Para o norte", "A vila boêmia", "Isolamento sonoro", "O salmão" e, por último, "Palmström vai ao lago" — curiosamente, o mesmo que I. Teltscher traduziu de viva voz nos idos de 1931).

77 Mas não sem antes agradecer a simpatia que este *Jogo da forca* e seu organizador mereceram da parte de Gonzalo Aguilar, Socorro Andrade, Élvia Bezerra, Augusto de Campos, Ivan de Campos, Célia Cavalheiro, Manoel Corrêa do Lago, Karina Macedo, Elisabete Marin Ribas, Olívia Mindêlo, Itamar Morgado, Flávio Pinheiro, Roberto Schwarz, Patrick Straumann, Márcio Suzuki e Guacira Waldeck.

Nota bibliográfica

Fontes dos poemas originais

Und aber ründet sich ein Kranz, 1902: "Erster Schnee".

Galgenlieder, 1905: "Das ästhetische Wiesel", "Der Schaukelstuhl auf der verlassenen Terrasse", "Die Trichter", "Die beiden Esel", "Der Lattenzaun", "Das Knie", "Fisches Nachtgesang".

Galgenlieder, 3ª ed., 1908: "Das Nasobēm", "Der Gingganz".

Palmström, 1910: "Das böhmische Dorf", "Die Tagnachtlampe", "Die Korfsche Uhr", "Die Behörde".

Palmström, 5ª ed., 1913: "Palmströms Uhr".

Palma Kunkel, 1916: "Naturspiel", "Geburtsakt der Philosophie", "Die Brillen", "Korfs Geruchs-Sinn" [ou *"For the Happy Few"*], *"L'art pour l'art"*, "Korf erfindet eine Art von Witzen", "Die Tafeln" [ou *"Ligna loquuntur"*], "Exlibris", "Palmström legt des Nachts sein Chronometer".

Der Gingganz, 1919: "Vice versa", "Auf dem Fliegenplaneten", "Der Papagei", "Wie sich das Galgenkind die Monatsnamen merkt", "Der kulturbefördernde Füll", "Golch und Flubis", "Vom Zeitungslesen", "Die Waage".

Para o texto alemão, recorreu-se à edição Urachhaus das obras e da correspondência, em particular ao volume I, *Lyrik, 1887-1905*, edição de Martin Kießig (Stuttgart: Urachhaus, 1988) e ao volume III, *Humoristische Lyrik*, edição de Maurice Cureau (Stuttgart: Urachhaus, 1990).

Fontes das traduções

O poema visual "Noturno do peixe" foi estampado num artigo de Joaquim Cardozo, "O poema visual ou de livre leitura", em *Para Todos* 21--22, março-abril de 1957.

As quatro traduções de Haroldo de Campos saíram inicialmente no corpo de seu artigo "Morgenstern, poeta alemão de vanguarda", publicado em junho de 1958 no *Jornal de Letras*, reproduzido sob o novo título de "O fabulário linguístico de Christian Morgenstern" na página "Invenção" do *Correio Paulistano*, em 4 de dezembro de 1960 e finalmente recolhido em *O arco-íris branco* (Rio de Janeiro: Imago, 1997). Duas dessas traduções, "O teixugo estético" e "A cadeira de balanço no terraço deserto" foram incluídas pelo tradutor em outro ensaio, "Poesia de vanguarda brasileira e alemã", publicado inicialmente no número 2 da revista *Cavalo Azul*, abril-maio de 1966, e republicado na revista *Humboldt*, número 16 (1967), antes de ser recolhido no volume de ensaios *A arte no horizonte do provável* (São Paulo: Perspectiva, 1967). "O teixugo estético" foi reproduzido e comentado por Haroldo de Campos em "Reflexões sobre a poética da tradução", publicado no volume 1 dos *Anais dos 1 e 11 Simpósios de Literatura Comparada 1985/1986*, com organização de Eneida M. de Souza e Julio C. M. Pinto (Belo Horizonte: UFMG, 1987), texto que por sua vez seria reeditado sob o título de "Morgenstern: o fabulário refabulado" como apêndice ao ensaio "Da tradução à transficcionalidade", *Revista 34 Letras*, n. 3 (1989).

As duas traduções de Roberto Schwarz foram publicadas no corpo de um artigo de Anatol Rosenfeld, "Os duendes na língua", no *Suplemento Literário* de *O Estado de S. Paulo*, 2 de agosto de 1958, posteriormente integrado ao ensaio "Sobre o grotesco", recolhido em *Doze estudos* (São Paulo: Conselho Estadual de Cultura, 1959) e, dez anos mais tarde, em *Texto/contexto* (São Paulo: Perspectiva, 1969), agora com o título de "A visão grotesca".

Das três versões de Augusto de Campos, duas — "Os funis" e "Como as crianças do patíbulo gravam os meses" — saíram no *Suplemento Literário* de *O Estado de S. Paulo* em 20 de maio de 1967. Essas duas, mais "A cerca de paus", saíram em seguida na revista *Comentário*, ano XI, volume 11, número 2, 1970. "Os funis" e "A cerca de paus" foram republicadas em 24 de janeiro de 1988 no suplemento *Folhinha* da *Folha de S.Paulo*. O mesmo suplemento republicou, em sua edição de 2 de outubro de 1988, o poema "Como as crianças do patíbulo gravam os meses", agora sob o título de "Zoomeses". O título do poema-calendário mudou novamente, para "Como as crianças da forca memorizam os meses", quando as três traduções foram reunidas por Augusto de Campos em sua coletânea de versões do alemão *Irmãos germanos* (Florianópolis: Noa Noa, 1992).

A versão de Paulo Mendes Campos para "Primeira neve" saiu na revista *Manchete* de 14 de novembro de 1964 sob o título coletivo de "Poemas traduzidos", junto a traduções de outros poemas de diversos autores, todas assinadas pelo escritor mineiro; década e tanto mais tarde, Mendes Campos republicou sua tradução de Morgenstern, em nova disposição gráfica, em seu livro *Diário da Tarde* (Rio de Janeiro/São Paulo: Civilização Brasileira/Massao Ohno, 1981).

As traduções de Montez Magno e Sebastião Uchoa Leite foram publicadas na antologia *Canções da forca* (São Paulo: Roswitha Kempf, 1983), em que também figurava o ensaio de Sebastião Uchoa Leite, "No planeta de Morgenstern".

A versão de Rubens Rodrigues Torres Filho de "O invento de Korf" saiu no suplemento *Folhetim* da *Folha de S.Paulo*, em 6 de novembro de 1987.

A tradução de Felipe Fortuna de "O relógio de Korf" saiu no suplemento *Letras* da *Folha de S.Paulo*, em 1 de setembro de 1990.

Sobre a coleção

Fábula: do verbo latino *fari*, "falar", como a sugerir que a fabulação é extensão natural da fala e, assim, tão elementar, diversa e escapadiça quanto esta; donde também falatório, rumor, diz-que-diz, mas também enredo, trama completa do que se tem para contar (*acta est fabula*, diziam mais uma vez os latinos, para pôr fim a uma encenação teatral); "narração inventada e composta de sucessos que nem são verdadeiros, nem verossímeis, mas com curiosa novidade admiráveis", define o padre Bluteau em seu *Vocabulário português e latino*; história para a infância, fora da medida da verdade, mas também história de deuses, heróis, gigantes, grei desmedida por definição; história sobre animais, para boi dormir, mas mesmo então todo cuidado é pouco, pois há sempre um lobo escondido (*lupus in fabula*) e, na verdade, "é de ti que trata a fábula", como adverte Horácio; patranha, prodígio, patrimônio; conto de intenção moral, mentira deslavada ou quem sabe apenas "mentirada gentil do que me falta", suspira Mário de Andrade em "Louvação da tarde"; início, como quer Valéry ao dizer, em diapasão bíblico, que "no início era a fábula"; ou destino, como quer Cortázar ao insinuar, no *Jogo da amarelinha*, que "tudo é escritura, quer dizer, fábula"; fábula dos poetas, das crianças, dos antigos, mas também dos filósofos, como sabe o Descartes do *Discurso do método* ("uma fábula") ou o Descartes do retrato que lhe pinta J. B. Weenix em 1647, de perfil, segurando um calhamaço onde se entrelê um espantoso *Mundus est fabula*; ficção, não-ficção e assim infinitamente; prosa, poesia, pensamento.

PROJETO EDITORIAL Samuel Titan Jr. / PROJETO GRAFICO Raul Loureiro

Sobre o autor

Christian Morgenstern nasceu em Munique, em 6 de maio de 1871. A mãe, Charlotte, faleceu jovem e tuberculosa em 1880; com o pai, Carl Ernst, pintor de paisagens, o jovem Morgenstern teria uma relação sempre difícil. Depois de abandonar os estudos universitários, o futuro poeta instalou-se em 1894 em Berlim, onde se sustentava com todo tipo de pequenos trabalhos literários (artigos, resenhas, traduções), ao mesmo tempo que se familiarizava com a vida boêmia e artística da então capital do Império Alemão. Ao longo da década, publicou diversos volumes de poemas, ora de gosto finissecular, ora de sabor paródico – a contar, neste último caso, de *In Phanta's Schloß* (*No castelo de Phanta*, 1895) e *Horatius travestitus* (1897). Em 1895, fundou com um grupo de amigos a Irmandade da Forca, cujas reuniões noturnas e etílicas eram a ocasião para que se declamassem poemas humorísticos e grotescos, ao arrepio do bom gosto e das boas maneiras. Com o correr dos anos, os poemas que Morgenstern escrevia para a confraria foram ganhando corpo, autonomia e complexidade. Em 1905, ele os reuniu no volume *Galgenlieder* ou *Canções da forca*, publicado pela prestigiosa editora Bruno Cassirer. Ao mesmo tempo, o estado de saúde do autor não cessava de piorar: a tuberculose, que se manifestara pela primeira vez em 1893, foi aos poucos confinando Morgenstern a uma existência nômade e cada vez mais alpina, de sanatório em sanatório. Em uma dessas estadias, em 1906, passou por uma experiência mística que alimentaria simultaneamente sua escrita grotesca e humorística (com *Palmström*, de 1910, e com edições ampliadas das *Galgenlieder*) e sua produção lírica mais tradicional. A essa exaltação dos últimos anos não é estranho o encontro em 1908 com Margareta von Gosebruch (1879-1968), sua futura esposa, enfermeira e editora póstuma: frequentadora assídua das conferências de Rudolf Steiner, ela atraiu Morgenstern para o séquito do fundador da antroposofia. Consumido pela tuberculose, Christian Morgenstern faleceu em 31 de março de 1914 na cidadezinha tirolesa de Obermais, aos 43 anos.

Sobre este livro

Jogo da forca, São Paulo, Editora 34, 2024 TRADUÇÕES DOS POEMAS ©os tradutores, 2024 ORGANIZAÇÃO, POSFÁCIO E NOTAS ©Samuel Titan Jr., 2024 PREPARAÇÃO Débora Donadel REVISÃO Rafaela Biff Cera, Giselle Lazzari PROJETO GRÁFICO Raúl Loureiro ESTA EDIÇÃO ©Editora 34 Ltda., São Paulo; 1ª edição, 2024. A reprodução de qualquer folha deste livro é ilegal e configura apropriação indevida dos direitos intelectuais dos autores e do editor. A grafia foi atualizada segundo o Acordo Ortográfico da Língua Portuguesa de 1990, que entrou em vigor no Brasil em 2009.

CIP — Brasil. Catalogação-na-Fonte
(Sindicato Nacional dos Editores de Livros, RJ, Brasil)

Morgenstern, Christian, 1871-1914
Jogo da forca / Christian Morgenstern;
tradução de Sebastião Uchoa Leite e outros;
ensaio de Sebastião Uchoa Leite; organização
e posfácio de Samuel Titan Jr. — São Paulo:
Editora 34, 2024 (1ª Edição).
160 p.   (Coleção Fábula)

ISBN 978-65-5525-176-0

1. Poesia alemã. 1. Leite, Sebastião Uchoa, 1935-2003.
II. Campos, Augusto de. III. Campos, Haroldo de,
1929-2003. IV. Fortuna, Felipe. V. Magno, Montez.
VI. Campos, Paulo Mendes, 1922-1991. VII. Torres Filho,
Rubens Rodrigues, 1942-2023. VIII. Schwarz, Roberto.
IX. Título. X. Série.

CDD−831

TIPOLOGIA Sabon PAPEL Munken print cream 80g/m²
IMPRESSÃO Ipsis Gráfica e Editora, em março de 2024 TIRAGEM 3000

editora 34

Editora 34 Ltda. Rua Hungria, 592
Jardim Europa CEP 01455-000
São Paulo — SP Brasil
TEL/FAX (11) 3811-6777
www.editora34.com.br